SELBSTVERTRAUEN GEWINNEN

Die Macht der angewandten Psychologie

Wie Sie Ihre Selbstzweifel sofort loswerden, zu einer enorm selbstbewussten Person werden und Ihre Überzeugungskraft stark verbessern

INHALT

Einleitung

Sie fragen sich schon lange, wie andere Leute so sorglos und voller Selbstbewusstsein durch das Leben gehen? Den Spruch *den Mutigen gehört die Welt* können Sie schon beinahe nicht mehr hören? Machen Sie sich keine Sorgen! Selbstvertrauen ist wichtig, doch Sie können es ganz leicht erlernen – und es ist nie zu spät dafür! Egal, ob Sie grundsätzlich eher zu den schüchternen oder introvertierten Menschen gehören, oder ob es bestimmte Dinge gibt, die Sie gezielt ändern möchten – in diesem Buch wird Ihnen sicherlich geholfen.

Selbstvertrauen ist eine Eigenschaft, die jeder Mensch in einem gesunden Maße haben sollte, auch wenn sie nicht jeder ausreichend besitzt. Andere Menschen wiederum haben scheinbar sogar etwas *zu viel* Selbstvertrauen und überschätzen ihre eigenen Fähigkeiten. Doch an allem kann man arbeiten und es ist, wenn man es richtig angeht, auch gar nicht so schwierig, wie Sie es sich vielleicht vorstellen. In diesem Buch lernen Sie, wie Sie Schritt für Schritt an Ihrem Selbstvertrauen arbeiten können, ohne sich unter Druck zu setzen.

Mit ein wenig theoretischem Hintergrundwissen werden Sie schnell verstehen, wieso einige Menschen von Grund auf mehr Selbstvertrauen zu besitzen scheinen, und wie diese in allen Lebensbereichen für solche Menschen arbeitet. Dadurch werden Sie auch lernen, woran es liegen könnte, dass Sie sich grundsätzlich nicht im gleichen Maße vertrauen und natürlich ebenfalls, wie Sie es ändern können. Im praktischen Teil erwarten Sie dann viele gezielte Übungen und grundsätzliche Gedankengänge, die Sie durchspielen sollten, um mehr Selbstvertrauen zu erlernen. Lernen Sie, wie Sie mit gezielten kleinen Tricks im Alltag nach und nach zu mehr Selbstvertrauen kommen, und wie Sie sich nicht entmutigen lassen, wenn es einmal kleine Rückschritte gibt.

Das Wichtigste ist, sich Zeit zu nehmen und sich selbst verstehen zu lernen. Selbstvertrauen zu haben und zu nutzen, erlernt niemand über

Nacht, aber das ist auch gar nicht notwendig. Je ruhiger und gelassener Sie die Sache angehen und je aufrichtiger Sie zu sich selbst sind, desto besser wird der Plan auch funktionieren. Beginnen Sie direkt hier und jetzt damit und vertrauen Sie darauf, dass Sie es schaffen werden! In diesem Sinne: Viel Erfolg mit diesem Buch!

Theoretischer Hintergrund

Was bedeutet eigentlich dieses bedeutungsstarke Wort *Selbstvertrauen*? Woran erkennt man Menschen, die besonders viel Selbstvertrauen haben? Und warum ist es überhaupt so wichtig, Selbstvertrauen zu besitzen? Diese und mehr Fragen aus der Theorie werden wir in diesem ersten Teil beantworten! Lernen Sie, was es bedeutet, Selbstvertrauen zu haben und wieso ein gutes Maß an Selbstvertrauen Sie im privaten wie auch im beruflichen Alltag sehr weit bringen kann!

WAS BEDEUTET EIGENTLICH SELBSTVERTRAUEN? EIN DEFINITIONSVERSUCH

Sucht man nach einer Definition von *Selbstvertrauen*, hört man meistens etwas wie: *Das Vertrauen in die eigenen Kenntnisse und Fähigkeiten*. In der Psychologie wird beim Begriff Selbstvertrauen ebenfalls vorwiegend auf das Bewusstsein der eigenen Kompetenzen zurückgegriffen. Andere Werte, die eher weniger mit Stärken und Fähigkeiten zu tun haben, werden meistens weniger ins Gewicht gezogen. Solche Merkmale könnten z.B. Charakterzüge sein, die man eher nicht als Kompetenz einstufen würde, sondern eher als Eigenschaft. Das könnten z.B. Charaktereigenschaften wie *lebensfroh, introvertiert, extrovertiert, empathisch,* usw. sein. Das Wahrnehmen solcher Merkmale an der eigenen Person wird häufig unter Begriffen wie *Selbstwert, Selbstliebe* oder *Selbstachtung* zusammengefasst.

In anderen Zusammenhängen hingegen werden Wörter wie *Selbstbewusstsein, Selbstwert* und *Selbstvertrauen* nahezu synonym verwendet. In jedem Fall hängen alle diese Worte aber miteinander zusammen. Sie merken also schon: Eine allgemeingültige und allumfassende

Definition des Worts Selbstvertrauen ist gar nicht so leicht zu finden. Vielmehr können in verschiedenen Zusammenhängen mehrere Werte und Grundsätze unter dem Wort betrachtet werden. Um selbst mehr Selbstvertrauen zu erlangen, sollten Sie natürlich ungefähr eine Ahnung davon haben, was dies eigentlich bedeutet, doch eine exakte, immer gültige und genaue Definition ist dafür nicht zwingend notwendig. Halten Sie sich also nicht unbedingt zu lange mit der Theorie hinter dem Begriff auf. Das Wichtigste ist, den Kern zu erfassen: Und das ist ziemlich simpel. Denn bereits im Wort selbst steckt, worum es eigentlich geht: Sich selbst zu vertrauen.

Das wiederum bedeutet, Sie sollten Ihren eigenen Fähigkeiten und Stärken vertrauen und Ihren Entscheidungen für und ebenso gegen bestimmte Dinge. Das heißt nicht, dass Sie sich nie wieder hinterfragen dürfen – ganz im Gegenteil, auch Selbstreflexion und das Erkennen der eigenen Schwächen und Fehler ist wichtig, um ein gesundes Maß an Selbstvertrauen zu erlangen. Doch dazu später mehr.

In diesem ersten Teil wird nun zunächst darauf eingegangen, was man lernen muss, um dieses gewisse Grundvertrauen in die eigene Person zu erlangen. Warum fällt es manchen Menschen so leicht, sich zu vertrauen und an sich zu glauben, während andere ständig von Zweifeln geplagt sind? Und wie kann man dies nachhaltig verbessern?

Lernen Sie, wie Sie mehr Vertrauen in das erlangen, was Sie können und entschieden haben. Dazu gehören übrigens nicht nur Ihre Kompetenzen und Ihre logisch durchdachten Entscheidungen, sondern in einigen Situation auch Ihr sogenanntes *Bauchgefühl*. Außerdem werden Sie in diesem Teil erkennen, was das alles mit Ängsten und Erfolgserlebnissen im Leben zu tun hat.

Und schließlich ist auch wichtig, dass man lernt, wie man mit Kritik umgeht, und warum Fehler nicht nur normal, sondern sogar wichtig sind – all das sind Teilaspekte des Begriffs *Selbstvertrauen*. Und daher ist auch all dies wichtig, um das eigene Selbstvertrauen zu erlangen und zu stärken.

MENSCHEN MIT VIEL SELBSTVERTRAUEN

Es wurde oben bereits kurz angesprochen: Einige Menschen scheinen grundsätzlich mehr Selbstvertrauen zu besitzen als andere. Doch woher kommt das? Ist dies natürlichen Ursprungs, wurde es ihnen sozusagen *in die Wiege gelegt?* Oder liegt es daran, dass diese Menschen bewusst daran gearbeitet haben? Hatten sie vielleicht einfach besonders viel Glück und daher grundsätzlich mehr positive Erfahrungen als andere oder haben sie viele Erfolgserlebnisse verzeichnen können, weil sie tatsächlich besonders kompetent sind? Und sind selbstbewusste Menschen nicht grundsätzlich erfolgreicher als solche, die eher zweifeln und unsicher sind? Resultiert daraus ein Kreis des Erfolgs bzw. Misserfolgs?

So viele Fragen drehen sich um das Thema Selbstvertrauen und eindeutige Antworten sind teilweise schwierig zu bekommen. Gerade Menschen, die an sich selbst zweifeln, wundern sich immer wieder, wie anderen Leuten Entscheidungen und ein selbstbewusstes Auftreten so leichtfallen können. In diesem Kapitel geht es daher darum, zu begreifen, wieso manche Menschen so voller Zuversicht und Sicherheit durch das Leben gehen und andere sich immer wieder mit negativen Gedankenkarussellen aufhalten – und was dafür sorgen könnte, dass sich das ändert.

Woraus resultiert Selbstvertrauen? Grundlegendes über Ängste und Erfolge

Fangen wir mit den Grundlagen an – Selbstvertrauen kann eine ganze Menge mit Ängsten und Erfolgen zu tun haben. Doch haben einige Menschen grundsätzlich mehr Ängste. Wie sehr beeinflussen unsere Erfolgserlebnisse unser Selbstvertrauen wirklich? Und warum reicht manchmal bereits *ein* schlechtes Erlebnis aus, um eine ganze Reihe Erfolge wie durch Zauberhand aus unseren Gedanken zu löschen?

Denken Sie an Ihre Kindheit – waren Sie ähnlich selbstbewusst wie heute oder sogar wesentlich selbstbewusster? Oder waren Sie gar ängstlicher, als Sie es heute sind? Viele Studien zeigen heutzutage, dass frühkindliche Erfahrungen sehr wichtig für unser Selbstvertrauen und auch für zahlreiche andere Eigenschaften und Fähigkeiten sind. Natürlich kann man sich jetzt länger darüber streiten, ob elterliche Erziehung für unser Selbstwertgefühl mitverantwortlich ist und inwiefern, doch damit halten wir uns in diesem Kapitel nicht allzu lange auf – wichtiger ist, erstmal zu verstehen, was jemanden grundsätzlich beeinflussen kann, um dann zu lernen, wie wir unser Selbstvertrauen heute verbessern können.

Grundsätzlich gehen Forscher davon aus, dass die ersten fünf Lebensjahr besonders prägend sind. Was in dieser Zeit passiert, kann unseren Charakter in einem Maße beeinflussen, den viele womöglich noch unterschätzen – das ist erst mal gut zu wissen, lässt sich aber natürlich rückwirkend nicht mehr beeinflussen. Dennoch kann es nicht schaden, sich einmal grundsätzlich Gedanken zu machen, ob es ein einschneidendes Erlebnis oder generelle Erfahrungen Ihrer Kinderzeit gibt, die Sie womöglich nachhaltig geprägt haben. Wenn Sie etwas finden, kann Ihnen das später durchaus helfen, gezielter zu arbeiten. Falls Sie nichts finden, ist das auch nicht verkehrt – zumindest erkennen Sie dann vielleicht, dass Sie als Kind noch ein gutes Grundvertrauen hatten. Ihr heute eher zurückhaltendes Selbstvertrauen könnte also eher aus anderen Lebensereignissen und Entwicklungen resultieren.

Aber auch abgesehen von diesen frühen Prägungen kann sich unser Selbstwertgefühl aus vielen anderen Faktoren in die eine oder andere Richtung verändern. Ängste generell spielen dabei natürlich eine große Rolle. Wenn Sie eher ein unsicherer Mensch im Allgemeinen sind, sich schneller Sorgen machen, usw., dann kann dies natürlich auch Auswirkungen auf Ihr Selbstvertrauen haben. Oftmals entsteht dabei eine Art Wechselwirkung – Menschen, die ein gesundes Selbstvertrauen haben, leiden häufig auch weniger unter Ängsten. Das eine stärkt oder schwächt das andere. Dies ist ein Grund mehr, weshalb Selbstvertrauen zu erlangen, oftmals ein so langes und schwieriges Unterfangen ist.

Über Ängste

Ängste im Allgemeinen entwickeln sich ebenfalls häufig bereits in unseren Kindertagen und beim Heranwachsen. Viele prägende Erlebnisse können wir nicht mehr ganz genau zurückverfolgen oder wir verstehen nicht genau, wieso uns gerade diese Ereignisse so beeinflusst haben. Aber oftmals haben Erlebnisse, Aussagen und/ oder Entscheidungen in unserer Vergangenheit großen Einfluss auf das, was wir in der Zukunft sind. Daher empfiehlt es sich auch, mal etwas genauer restliche Jahre und Jahrzehnte Ihrer Vergangenheit zu beleuchten – gab es in Ihrer Teenagerzeit einprägende Ereignisse? Haben Sie Ihre Eltern eher unsicher oder sorgenfrei wahrgenommen? Und wie sind die Menschen in Ihrem Umfeld generell gewesen?

Ängste können sich im Laufe des Lebens natürlich auch durch andere Ereignisse entwickeln. Einen Blick zurück auf einschneidende Erlebnisse kann Ihnen dabei helfen, zu erkennen, woher Ihre Sorgen eigentlich kommen, und wie Sie diese überwinden können. Aber dazu erfahren Sie im Praxisteil mehr. Wichtig ist allerdings, zu verstehen, dass Ängste nicht immer verkehrt sind. Ganz im Gegenteil, Ängste gehören zum Leben dazu und sind teilweise evolutionstechnisch sogar sehr wichtig gewesen. Grundsätzlich sollten Sie daher zunächst lernen, dass man zwei Kategorien von Ängsten festhalten kann:

Die sogenannte *Urangst* und die sogenannten *fiktiven Ängste*. Von dem Begriff Urangst haben Sie womöglich schon einmal gehört. Der Begriff wurde in der Psychoanalyse geprägt und beschrieb etwa bei Sigmund Freud die aus dem *Geburtstrauma* (oder auch *Urtrauma* genannt) entstehende Angst, die im späteren Leben nur eine Reproduktion dieses ersten Schockerlebnisses darstellt. Grundsätzlich spricht man heute von

Urängsten, wenn man solche Ängste meint, die aus unseren Urinstinkten resultieren, um die körperliche und seelische Gesundheit, oder in der modernen Welt auch das wirtschaftliche Auskommen, sichern sollen. Das bedeutet im Klartext: Diese Ängste sind evolutionstechnisch wichtig gewesen und auch heute noch von Relevanz, da Sie unser Überleben sichern sollen. Die Ängste bringen uns dazu, in potenziell gefährlichen Situationen nachzudenken, bevor wir handeln, oder bremsen uns sogar komplett aus. Dabei kann es natürlich vorkommen, dass die Ängste stärker ausgeprägt sind, als es notwendig ist. Dennoch können Sie grundsätzlich bei allen Ängsten, die aus einer evolutionstechnisch sinnvollen Angst heraus resultieren, als sogenannte Urängste bezeichnen, und bei diesen Ängsten ruhig etwas *gnädiger* mit sich selbst sein.

Um das Ganze zu verdeutlichen, hier ein paar Beispiele: Leiden Sie etwa unter Höhenangst, ist dies evolutionstechnisch angelegt und gar nicht so verkehrt – wer aus großer Höhe fällt, hat sicherlich keine guten Überlebenschancen. Eine gewisse Angst vor Höhen wird Sie wahrscheinlich davon abhalten, sich in solche Höhen zu begeben, aus denen Sie theoretisch abstürzen und sich dadurch ernsthaft verletzen oder sogar sterben könnten. Auch wenn Ihre Angst besonders stark ausgeprägt ist und Sie nicht mal gerne auf eine kleine Leiter steigen, soll Sie diese Angst in ihrer Urform nur schützen. Das war zu früheren Zeiten noch wichtiger als heute, schließlich gab es noch keine Krankenhäuser, in denen man ein Beinbruch so gut kurieren konnte, und wer verletzt unter einem Baum lag, aus dem er gerade gefallen ist, ist leicht Raubtieren zum Opfer gefallen. Diese Situationen sind heute natürlich wesentlich ungefährlicher – aber Sie verstehen nun besser, woraus diese Angst resultiert.

Ein weiteres Beispiel ist etwa die Angst vor bestimmten Tieren. Manche Tiere sind für uns gefährlicher als andere und auch dies ist natürlich in unserem heutigen Lebensraum und durch moderne Medizin kein vergleichbar großes Problem mehr, dennoch ist die Angst vor Spinnen, Schlangen oder ähnlichen Gefährten evolutionstechnisch begründbar. Schließlich wusste man zu Urzeiten noch nicht sicher, welche Spinnen für uns giftig sind, und wie wir unsere vergifteten Wunden versorgen können. Heute gibt es in Deutschland keine freilebenden, für den Menschen gefährliche Spinnen mehr, aber zu Urzeiten war eine Abneigung gegen diese kleinen Achtbeiner durchaus sinnvoll. Und wenn Sie genau darüber nachdenken: Sollten Sie jemals Urlaub in einem Land machen, in denen es solche Spinnen gibt, ist ein gesundes Maß an Angst auch hier vielleicht von Vorteil. Auch in dieser Situation kann ein hohes Maß an Angst ein wenig übertrieben oder sogar hinderlich werden: Sie müssen schließlich nicht bei jeder kleinen Spinne aufspringen oder schreiend wegrennen, um Ihr Überleben zu sichern. Und es ist auch nicht verkehrt, wenn man daran arbeiten möchte, um sich selbst den Alltag zu erleichtern. Aber es handelt sich dennoch um eine in ihrer Ursprungsform durchaus berechtigte Angst.

Weitere solche Beispiele sind etwa die Angst vor Sturm oder Gewitter – es ist heute nicht mehr notwendig, sich dabei unter der Bettdecke zu verkriechen, aber draußen auf dem Feld spielen sollten Sie sicherlich auch nicht. Oder die Angst vor Blut – wer dies nicht sehen kann, ist wahrscheinlich ein wenig vorsichtiger oder nähert sich auch keinen potenziell gefährlichen Situationen, auch wenn natürlich ein kleiner Papierschnitt kein Grund zur Besorgnis darstellt. Auch die Angst vor dem Alleinsein gehört übrigens dazu – denn wer in Gruppen (oder Herden) unterwegs ist, der hat bessere Überlebenschancen als ein einzelner Mensch. Aber wenn Sie sich schon unwohl fühlen, wenn Sie mal wenige Stunden nur mit sich selbst zusammen sind, kann das Ihren heutigen Alltag sehr erschweren.

Sie verstehen also: Urängste resultieren aus evolutionstechnischen Hintergründen und haben uns damals höhere Überlebenschancen gesichert. Sie funktionierten wie ein Alarmsystem. Das Gefühl der Angst war schlichtweg das Signal *Gefahr droht*! Sie sollten dieser Situation lieber fernbleiben oder ihr schnell entkommen. Auch heute noch sind diese

Ängste nicht wirklich verkehrt oder unsinnig, können aber ab einem bestimmten Ausmaß Ihren Alltag behindern. Fragen Sie sich daher ruhig zunächst, ob es sich bei den meisten Ihrer Ängste nicht eher um solche Ängste handelt und ob diese im Alltag hinderlich sind, oder ob Sie vielleicht sogar sehr gut mit ihnen leben können.

Die andere Art der Ängste sind sogenannte fiktive Ängste, die mit unseren Urängsten nichts mehr oder nur sehr wenig zu tun haben. Diese Ängste sind eher durch modernes Sozialleben entstanden, evolutionstechnisch nicht mehr vorteilhaft oder sinnvoll und daher eher hinderlich. Hier wäre es für Sie eher ein Vorteil, diese Ängste vollkommen zu überwinden. Häufig tendieren Menschen leider dazu, angstauslösenden Situationen aus dem Weg zu gehen, doch nur die Auseinandersetzung mit diesen Ängsten kann Ihnen dabei helfen, sie wirklich loszuwerden und Ihr Selbstvertrauen zu verbessern. Ängste, die zu den sogenannten fiktiven Ängsten gehören, sind z.B. die Angst vor dem Scheitern, die Angst vor Konflikten, Prüfungsangst oder die Angst vor Präsentationen, Reden und Auftritten (oft auch als *Lampenfieber* bezeichnet). Erkennen Sie, was diese Ängste gemeinsam haben? Sie resultieren aus einer Gemeinsamkeit, einer gemeinsamen Angst, wenn man so will: Der Angst vor Ablehnung.

Wer Angst vor dem Scheitern hat, fühlt sich wahrscheinlich als Versager, wenn es doch mal soweit kommt – obwohl jeder Mensch mal Erfolge und mal Misserfolge verzeichnet. Wer stark ausgeprägtes Lampenfieber hat, der befürchtet wahrscheinlich (bewusst oder unbewusst), dass die Zuschauer und Zuhörer den vorgetragenen Inhalt oder die Art, wie dieser Inhalt präsentiert wird, nicht gut finden. Viele Menschen befürchten leider auch (häufig mehr unbewusst), dass eine Ablehnung der eigenen Arbeitsleistung zu einer Ablehnung der eigenen Person führt. Sprich: Wenn jemand meine Rede nicht gut findet, heißt das, dass auch ich selbst als Person, in seiner Gunst gesunken bin. Dabei ist das sehr häufig überhaupt nicht der Fall. Wenn Ihr bester Freund eine Rede hält, die Ihnen nicht gefällt, zu kompliziert war oder nicht Ihren Humor getroffen hat, dann ist dieser Mensch dennoch Ihr bester Freund, nicht wahr? Außerdem sorgt eine nicht geglückt Rede oder Präsentation auch nicht dafür, dass Ihre Überlebenschancen sich verschlechtern. Fragen Sie sich: Was ist das Schlimmste, was passieren kann? Werden Sie die Situation gesund überstehen? Dann brauchen Sie sich keine Sorgen um die Situation zu machen.

Wie Sie Ängste ganz gezielt überwinden, erfahren Sie im Praxisteil etwas genauer. Aus diesem Kapitel sollten Sie mitnehmen, dass Ängste nicht immer nur schlecht und unsinnig sind – wichtig ist es aber, die Ängste, die durchaus einen realistischen und lebenserhaltenden Kern haben, von denen zu unterscheiden, die, ganz im Gegenteil, keiner realitätsnahen Sorge entspringen, und Ihre Erfolgschancen nur behindern. Und vergessen Sie dabei nicht, dass auch ein gesundes Maß an Angst wichtig ist: Wie gesagt, wenn Sie sich bei Sturm lieber im Haus aufhalten, ist das nicht verkehrt. Wenn Sie nur noch dazu in der Lage sind, sich panisch unter der Bettdecke zu verkriechen, ist das eher hinderlich. Umgekehrt gilt dies teilweise auch für sogenannte fiktive Ängste: Ein wenig Angst vor schwierigen Situationen zu haben, kann Ihr Gehirn sogar dazu bringen, die Leistung bei Lernaufgaben zu steigern.

Ein bisschen Prüfungsangst sorgt also womöglich dafür, dass Sie konzentriert bleiben und aufmerksam weitermachen. Doch sollten Sie tatsächlich unter starker Angst leiden, wird Sie das vermutlich eher blockieren. Beobachten Sie Ihr Verhalten in den Situationen, die Ihnen Angst machen, ruhig genau, und stellen Sie sich immer wieder die Frage, ob die Angst Ihr Arbeiten nun eher verbessert, kaum beeinflusst oder deutlich verschlechtert bzw. schwieriger macht.

Über Erfolgserlebnisse und Misserfolge

Erfolge und Misserfolge können unser Selbstvertrauen stark prägen. Wie bereits erwähnt, beeinflussen auch diese Faktoren sich gegenseitig

– wer viel Selbstvertrauen besitzt, verzeichnet häufiger Erfolge und wer viele Erfolge verzeichnet, wird immer sicherer mit sich selbst und seinen Leistungen. Misserfolge funktionieren leider ganz ähnlich: Schon ein einziger Misserfolg kann unser Selbstvertrauen so sehr herunterziehen, dass wir in der nächsten Situation viel unsicherer auftreten und dadurch unsere Erfolgschancen leider noch verkleinern. Ein Teufelskreis, der sich nur schwer unterbrechen lässt.

Das Prinzip ist leicht zu verstehen und auch vollkommen nachzuvollziehen: Erfolg sagt uns schließlich, dass unsere Leistung gut war, daher dürfen wir ruhig auf unsere Erfolge vertrauen. Und wer auf seine Leistungen vertraut und überzeugt von diesen ist, kann sie in der Regel auch besser verkaufen. Viele Misserfolge bedeuten, dass unsere Leistung nicht so gut war, nicht ausreichend oder schlichtweg im Vergleich zu anderer Leute Leistung nicht überzeugender. Daraus schließen wir dann, dass wir auch beim nächsten Mal schlechtere Karten haben könnten und sind verunsichert. Aber wie lässt sich dann erklären, dass häufig ein einziger Misserfolg eine ganze Reihe von Erfolgen (zumindest in unserem Kopf) in den Schatten stellen kann?

Dieses Phänomen wird in der Psychologie als *Negativitätsverzerrung* oder mit den englischen Worten *negativity bias* bezeichnet. Es gehört zu den Bereichen der *kognitiven Verzerrungen* (oder *cognitive bias*). Diese beschreiben generell meist unbewusste aber systematisch fehlerhafte Neigungen beim Wahrnehmen, Erinnern, Denken oder Urteilen. Die Negativitätsverzerrung selbst bezeichnet also die fehlerhafte Wahrnehmung der negativen Ereignisse oder unangenehmen Gedanken. Das bedeutet, negative Gedanken oder auch Emotionen bzw. negative Erlebnisse nehmen größeren Einfluss auf die menschliche Psyche als positive, selbst dann, wenn die Intensität beider Seiten gleichbleibend ist oder sogar dann, wenn die Intensität der positiven Ereignisse größer ist. Einfach gesagt heißt dies, dass uns negative Ereignisse und Vorstellungen leichter in Erinnerung bleiben und sich stärker auswirken als positive. Diese

Verzerrung wurde in der Psychologie bereits in zahlreichen Bereichen untersucht und ließ sich u.a. im Bildungsbereich, bei Entscheidungs- und Risikoüberlegungen sowie auch bei allgemeinen Bewertungen und bei der generellen Aufmerksamkeit feststellen.

Negative Wahrnehmungen brennen sich in unser Gehirn in beinahe allen Bereichen viel schneller und intensiver ein als positive – und auch dieses Phänomen ist wahrscheinlich auf die Evolution zurückzuführen. Denn zu Jäger-und-Sammler-Zeiten war es wichtig, negativen Erfahrungen besonders hohe Aufmerksamkeit zu schenken und sich nachhaltig daran zu erinnern. Wenn ein anderer Mensch eine Pflanze gegessen hat, die sich als giftig erwies, dann sollte man das besser nicht vergessen. Welche Pflanze besonders gut schmeckt oder besonders nahrhaft war, war dagegen im Vergleich weniger überlebenswichtig. Also konnte man ruhig mal vergessen, dass man die letzten Wochen besonders schmackhafte Pflanzen zu sich genommen hat und wie diese aussahen.

An die eine ungenießbare Pflanze sollte man sich jedoch besser sehr genau erinnern. Wenn man vier Mal hintereinander ein sehr angenehmes und erfrischendes Erlebnis an oder in einem See hatte, aber beim fünften Mal ein gefährliches Raubtier dort auftauchte, dann sollte man das besser nicht vergessen. Im Gegenteil: Man war besser daran, wenn man sich nicht darauf konzentrierte, dass die ersten vier Erlebnisse schön und erfrischend waren, sondern eher darauf, dass das fünfte Mal sehr gefährlich war. Man mied also aufgrund einer negativen Erfahrung besser in Zukunft solche Orte, obwohl man viel häufiger schöne Erfahrungen gemacht hat.

In der modernen Welt bedeutet dies jedoch leider, dass unser Gehirn immer noch Ängsten, Ärger, Sorgen und Problemen mehr Aufmerksamkeit schenkt als positiven Erfahrungen. Negative Erfahrungen werden im Gehirn unmittelbar im Langzeitgedächtnis abgespeichert, wohingegen positive Erlebnisse deutlich intensiver oder langanhaltender erfahren werden müssen, um vom Kurzzeitgedächtnis ins Langzeitgedächtnis zu gelangen. Das wiederum führt heutzutage häufig dazu, dass auch kleine unangenehme Alltagssituationen unser Handeln viel mehr beeinflussen, als besonders schöne und großartige Erlebnisse, und das wiederum heißt, dass wir auch kleinere Risiken eher meiden möchten, obwohl es das wert wäre, sie einzugehen.

Negativverzerrungen machen uns heute häufig das Leben eher schwer. In manchen Fällen zeigt sich sogar, dass Negativverzerrungen sich auf unsere Motivation auswirken – wobei wir dabei häufiger dazu tendieren, eine Aufgabe zu erfüllen, wenn wir dadurch negative Erlebnisse verhindern können, als wenn positive Belohnungen auf uns warten. Der Wunsch, die langanhaltenden Negativereignisse zu verhindern, ist so groß, dass er uns unter ausreichend Druck setzt. Doch das kann auch Auslöser für Ängste und Kummer sein: Wenn sich negative Erlebnisse so sehr auf uns auswirken, dann machen wir uns vor Aufgaben häufig auch unnötig Sorgen, dass wir diese nicht zufriedenstellend erledigen können. Die Angst vor einem Negativerlebnis hemmt unser Selbstvertrauen.

Wie Sie daran am besten arbeiten können, erfahren Sie natürlich auch im Praxisteil. An diesem Punkt, sollten Sie aber bereits anfangen, zu verstehen, dass ein Negativerlebnis nicht automatisch ungleich schlimmer ist, als ein Positivereignis gut ist. Ihr Gehirn verarbeitet es nur anders und merkt es sich besser. Versuchen Sie doch das nächste Mal, wenn Sie ein Misserfolg aus der Bahn wirft, gezielt an Ihre positiven Erlebnisse zu denken und sich ganz bewusst zu sagen: Es war nur *ein* Misserfolg. Dieser ist, egal wie intensiv er Ihnen in dem Augenblick vorkommt, nicht aussagekräftiger als ein einziger Erfolg.

Beeinflussung durch andere Personen

Oftmals wird festgestellt, dass auch Menschen unseres Umfelds unser

Selbstbewusstsein stark beeinflussen. Das kann einerseits langfristig geschehen – etwa durch die unbewussten Einflüsse, die unsere Eltern und Geschwister auf uns auswirken – oder auch sehr kurzfristig und situationsabhängig. Und meistens geschehen diese Dinge vollkommen unbewusst. Daher erfahren Sie in diesem Kapitel, inwiefern sich ganz normale Umstände und Wirkungsweisen auf unser situationsgebundenes Selbstwertgefühl auswirken können.

Zunächst können Sie festhalten, dass das Selbstvertrauen unseres Gegenübers – bzw. das Selbstvertrauen, das er ausstrahlt – sich stark auf unser eigenes auswirken kann. Wenn wir uns mit anderen Menschen unterhalten, kann unser Selbstvertrauen sich in dieser einen Situation nämlich entweder an den Gegenüber anpassen oder aber auch ins Gegenteil gleiten.

Ein Beispiel: Sie haben eine hitzige Diskussion mit einem Arbeitskollegen. Dieser Kollege strahlt starkes Selbstvertrauen aus. Es ist gut möglich, dass Sie sich durch ihn ebenfalls gepusht fühlen und sich plötzlich ungewöhnlich selbstbewusst fühlen. Das ist vermutlich vor allem dann der Fall, wenn Sie Ihren Kollegen mögen und sich in seiner Gegenwart grundsätzlich wohl fühlen. Es kann aber auch ganz anders ausgehen: Der Kollege kann sehr viel Selbstvertrauen ausstrahlen und dadurch fühlen Sie sich eher eingeschüchtert. Ist dieser Kollege vielleicht sogar in einer höheren Position eingestellt, dann mag sich das noch stärker auswirken. Nun kann es also sein, dass Sie sich schlagartig in dieser Situation viel unsicherer fühlen, als es normalerweise der Fall war. Das kann auch dann passieren, wenn Sie eigentlich ein guter Redner sind oder überzeugende Argumente haben. Und schließlich kann es natürlich auch sein, dass der Kollege ganz im Gegenteil selbst eher Unsicherheit ausstrahlt oder sich gar unterwürfig verhält.

Das kann Sie nun entweder dazu bewegen, selbst verunsichert über Ihre eigene Meinung nachzudenken oder aber, es gibt Ihnen ein Gefühl der Stärke, Sicherheit und Dominanz und schlagartig treten Sie viel selbstbewusster auf, als Sie es normalerweise tun würden.

Eindrücke aus solchen Situationen müssen Sie gar nicht lange beeinflussen, können dies aber natürlich, gerade wenn diese sich häufen. Sind Sie es gewohnt, eher Diskussionen mit unterwürfigen und unsicheren Menschen zu führen? Fühlen Sie sich dadurch eher stark (im direkten Vergleich) oder verunsichert Sie dieses Verhalten eher selbst? Hinterfragen Sie solche Situationen ruhig und denken Sie einmal in Ruhe darüber nach. Beobachten Sie sich selbst im Umgang mit anderen Menschen und fragen Sie sich, wie Sie sich in diesen Momenten fühlen – sicher und gefestigt oder klein und unsicher? Womöglich werden Sie erstaunt sein, was dabei herauskommen kann.

Übrigens kann Sie auch das Äußere Ihres Gegenübers situationsabhängig beeinflussen. Wenn Sie z.B. ein ernstes Gespräch mit jemandem führen, der sehr gut oder gar streng gekleidet ist, kann Sie das dazu bringen, sich unterlegen zu fühlen. Gerade dann, wenn Sie selbst vielleicht nicht die Mittel haben, sich so einzukleiden oder generell das Stil-Gefühl Ihrer Kollegen beneiden. Wenn Sie sich hingegen mit jemandem unterhalten, der dem Anlass entsprechend schlechter gekleidet ist als Sie, oder auch schlichtweg bequemer oder einfacher, dann gibt Ihnen das womöglich ein eher überlegenes Gefühl. Daher empfiehlt es sich immer, bei wichtigen Anlässen Wert auf eine angemessene Garderobe zu legen. Häufig sind diese nämlich immer noch ein anerkanntes Statussymbol.

Das wiederum ist auch schon der nächste Punkt: Unser eigener sozialer Status kann unser Selbstvertrauen ungemein beeinflussen. Das können auch Sie natürlich durch Kleidung ausstrahlen. Dabei macht es nicht nur einen Unterschied, ob Sie gepflegt aussehen und dem Anlass entsprechend passend angezogen sind. Auch Berufskleidung und der damit einhergehende Status kann sich entsprechend auswirken. Natürlich wissen Sie längst, dass der Beruf nicht zwangsläufig etwas über die

Intelligenz oder gar das Selbstwertgefühl der anderen Person aussagen muss. Auch ein Mechaniker kann seinen Beruf schließlich aus Leidenschaft ausüben oder weil er das Familienunternehmen übernehmen möchte, obwohl er spielend ein Medizinstudium hätte abschließen können. Und dann wiederum gibt es solche Leute, die mehr durch Kontakte als durch eigentliche Fähigkeiten in ihren Berufen und Rängen landen.

Trotzdem macht es wahrscheinlich einen Unterschied, ob Sie derjenige im Blaumann sind oder ob Sie sich mit einem Mann im Blaumann unterhalten, während Sie selbst einen feinen Anzug tragen. Wenn Sie sich mit einem sichtlich als solchen gekleideten Staatsanwalt unterhalten und selbst eher unauffällig und schlicht angezogen sind, ist dies für Sie wahrscheinlich einschüchternder, als wenn Sie die Person in der Anwaltsrobe sind. Wenn Sie sich eine teure Uhr um das Handgelenk legen und elegante Schuhe tragen, fühlen Sie sich in direkter Konfrontation womöglich sicherer und stärker, als wenn Sie einen Jogginganzug anhaben. Nicht umsonst geben viele Menschen immer noch viel Geld für teure Markenklamotten, moderne Autos und große Steinskulpturen in ihren Vorgärten aus. Was Sie selbst ausstrahlen, was andere wahrnehmen, und wie Sie sich im Vergleich zu anderen sehen beeinflusst Ihr Selbstvertrauen in einzelnen Situationen, aber auch auf lange Sicht.

Auch das Umfeld, in dem Sie sich befinden, wenn Sie einer anderen Person begegnen, oder die Hintergründe Ihres Kennenlernens, können sich sehr darauf auswirken, ob Sie sich in Ihrer Gegenwart eher unter- oder überlegen fühlen. In einem eher vertraulichen und privaten Umfeld fühlen Sie sich wahrscheinlich eher wohl und nicht unterlegen. Ihr Selbstvertrauen ist gestärkt durch das Umfeld, das Ihnen vertraut ist, und da Sie wahrscheinlich auch mögen. Womöglich verbinden Sie viele positive Erinnerungen mit einer Umgebung oder Gruppe. In einem fremden Umfeld oder einem Milieu, in dem Sie sich nicht gut auskennen, fühlen Sie sich jemand anderem schneller unterlegen und Ihr Selbstvertrauen sinkt in dieser Situation viel leichter.

Ein Beispiel dazu: Wenn Sie seit Jahren einen bestimmten Mannschaftssport ausüben, dann fühlen Sie sich grundsätzlich in dieser Umgebung vermutlich sehr wohl. Sie kennen z.B. das Vereinsheim, das Spielfeld, die Mannschaftskameraden. Sie haben dort vielleicht gute Freunde gefunden und sicherlich auch einige sportliche Erfolge verzeichnen können. Wenn Sie hier nun einer neuen Person begegnen, fühlen Sie sich erstmal recht gut und sicher – es handelt sich hierbei um *Ihr* Revier, wenn man es so bezeichnen möchte.

Außerdem ist das Miteinander in Sportvereinen häufig von einem sehr offenen, entspannten und familiären Beisammensein geprägt. Man duzt sich, man bildet ein Team, man duscht sogar zusammen. Selbst wenn diese neue Person Sie nun kritisiert, können Sie wahrscheinlich noch relativ gut damit umgehen, denn Sie sind immer noch in einem Umfeld, in dem Sie sich wohlfühlen, auskennen und wo Sie wahrscheinlich auch Rückendeckung durch Freunde und Kameraden erwarten dürfen. Auch wenn Sie zu einem späteren Zeitpunkt erfahren, dass diese Person eine hochrangige oder sogar berühmte Persönlichkeit ist, ändert sich Ihr Gefühl der Person gegenüber vermutlich nicht besonders. Sie kennen sie schließlich bereits als Ihren neuen Mannschaftskameraden.

Lernen Sie aber die gleiche Person in einem vollkommen anderen Umfeld kennen, kann das ganz anders aussehen. Nehmen wir an, Sie begegnen ihr in der Oper – und Sie sind so gut wie nie in der Oper. Dann fühlen Sie sich ihr vielleicht erstmal fremd gegenüber. Wenn die Person Ihnen gegenüber nicht besonders wohl gesonnen ist, lassen Sie sich wahrscheinlich viel leichter einschüchtern. Sie haben dort ohnehin ein eher förmliches, elegantes Verhältnis. Sie haben keine oder eher geringe Rückendeckung durch eine Mannschaft, Freunde oder Kameraden. Sie kennen sich nicht gut aus, sind dem Umfeld nicht vertraut – Ihr Gegenüber aber womöglich schon. Wenn Sie dann noch erfahren, dass diese Person eine berühmte Persönlichkeit ist, sinkt Ihr Selbstvertrauen vermutlich erstmal deutlich.

Wenn Sie einem Firmenboss in seiner Firma begegnen, verhalten Sie sich wahrscheinlich erstmal unterwürfig. Wenn Sie dem gleichen Menschen in der Sauna begegnen, kann das ganz anders sein. Oder denken Sie an ganz alltägliche Situationen: Wenn Sie zuhause Gäste empfangen, dann fühlen Sie sich wahrscheinlich recht sicher. Es ist Ihr Zuhause, Sie sind der Chef und Sie machen die Regeln. Sind Sie hingegen zu Gast bei jemandem, sind Sie in Ihrem Gesamtverhalten wahrscheinlich viel zurückhaltender. Wenn Sie die besten Freunde Ihres neuen Partners über ein gemeinsames Hobby kennenlernen, fühlen Sie sich wahrscheinlich wohler, als wenn dies bei einem Abendessen im Restaurant geschieht. Das direkte Umfeld beeinflusst immer unser situationsgebundenes Selbstvertrauen.

Auch kleinere Umstände, an die Sie vielleicht gar nicht gedacht haben, können Sie dazu bringen, sich in bestimmten Situationen sicherer oder unsicherer zu fühlen – hinterfragen Sie das nächste Mal, wenn Sie sich einer anderen Person gegenüber unterlegen fühlen, ruhig mal die äußeren Umstände und Ihr soziales Umfeld. Waren Sie alleine oder hatten Sie Freunde oder Familie, sprich Rückendeckung, dabei? War das Umfeld eher förmlich oder leger? Kannten Sie sich dort aus oder war es fremd oder gar das Territorium der anderen Person? Wie waren Sie an dem Tag gekleidet? Haben Sie sich generell wohl in Ihrem Körper und Ihrer Kleidung gefühlt? Hatten Sie vielleicht kurz zuvor positive oder negative Nachrichten zu etwas ganz anderem erhalten? Auch solche äußeren Umstände beeinflussen Ihr Verhalten und Gefühl ungemein. Seien Sie also nicht zu streng mit sich und beobachten Sie stattdessen die äußeren Umstände.

Dies sollten Sie ruhig auch rückblickend auf Situationen anwenden, in denen Sie sich unterlegen oder gar klein gefühlt haben. Je besser Sie solche Umstände analysieren, desto besser lernen Sie sich selbst und die Umstände Ihres Selbstvertrauens kennen und desto objektiver können Sie Ihr derzeitiges Selbstvertrauen und sich selbst einschätzen – das wird später noch recht bedeutsam.

Woran erkennt man Menschen mit viel Selbstvertrauen?

Kann man bei anderen Menschen schnell erkennen, ob sie Selbstvertrauen in einem hohen Maß besitzen? Und beeinflusst dies ihre Außenwirkung positiv?

Andere Menschen zu durchschauen, ist natürlich nicht immer ganz einfach – ein paar Verhaltensweisen kann man jedoch bei selbstbewussten Menschen recht häufig und immer wieder erkennen. Vieles davon sind Verhaltensweisen, für die die Personen von anderen Menschen bewundert werden. Manche davon hätten Sie vielleicht gar nicht erahnt.

Häufig denken Menschen fälschlicherweise, dass besonders extrovertierte, laute Menschen, die gerne und häufig im Mittelpunkt stehen, auch besonders selbstbewusst sind – ein Trugschluss. Denn wer wirklich ein hohes Selbstvertrauen hat, der muss nicht ständig auffallen und jegliche Aufmerksamkeit auf sich ziehen. Im Gegenteil, wer das zu brauchen scheint, der hat meistens eher ein sehr geringes Selbstvertrauen. Beobachten Sie die Menschen in Ihrem Umfeld einmal genauer – drängen sich diejenigen, die Sie bisher für sehr selbstbewusst gehalten haben, gezielt in den Mittelpunkt oder landen sie eher zufällig dort? Dies kann sehr aussagekräftig sein.

Selbstbewusste Menschen gehen meistens offen und freundlich mit anderen Menschen um. Wer sich selbst vertraut und seine Stärken kennt, der muss andere nicht nieder machen, um sich selbst besser fühlen. Der muss keine alles überschattende Dominanz ausstrahlen, um andere zu überbieten. Wer sich so verhält, hat meistens ein eher geringes Selbstvertrauen und versucht dieses durch gegenteiliges Extremverhalten auszugleichen oder zu vertuschen. Menschen, die wirklich viel Selbstvertrauen besitzen, sind meistens freundlich, lächeln offener und sind gute Gesprächs- und Diskussionspartner. Sie verhalten sich respektvoll und argumentieren fair.

Auch die Gesamtheit der Körpersprache wirkt meistens eher offen und freundlich. Doch Körpersprache kann ein wenig schwierig zu entschlüsseln sein. Oftmals empfinden wir einzelne Gesten unterschiedlich positiv oder negativ, sie können auch kulturell bedingt sein oder situationsabhängig. Wenn sich jemand die Hände in die Jackentasche steckt, dann kann dies einerseits bedeuten, dass er gerade etwas verunsichert oder schüchtern ist, oder ihm ist schlichtweg etwas kalt. Beobachten Sie daher, wenn Sie mehr über eine Person erfahren möchten, die Gesamtheit der Körpersprache und auch die äußeren Umstände. Ist es draußen ziemlich kalt und Ihr Gegenüber hat keine Handschuhe an? Dann haben die versteckten Hände wahrscheinlich wenig mit seinem Selbstvertrauen zu tun.

Menschen mit einem ausgeprägten Selbstvertrauen zeigen auch sehr häufig Eigeninitiative. Sie übernehmen freiwillig und ganz von alleine größere Aufgaben, widmen sich neuen Ideen und ergreifen Chancen. Und wenn ihnen etwas mal nicht gelingt, dann gehen sie angemessen mit ihren Fehlschlägen um, versuchen sie zu verbessern und daraus zu lernen. Sie nehmen Kritik ernst und offen entgegen und geben nicht ohne ersichtlichen Grund anderen die Schuld für diesen Fehlschlag.

Sie sehen also, es gibt eine ganze Reihe von Eigenschaften, an denen Sie erkennen können, ob ein Mensch ein stark ausgeprägtes Selbstvertrauen besitzt oder nicht. Manche davon erkennt man vielleicht nicht auf den ersten Blick, aber sobald man weiß, worauf man achten muss, wird es leicht, zu merken, ob jemand tatsächlich sehr viel Selbstvertrauen hat, oder nur versucht, sein mangelndes Selbstvertrauen durch ein gegenteiliges Verhalten auszugleichen. Was Sie daraus lernen können, ist in jedem Fall, dass nicht immer der erste Eindruck sofort hergibt, was tatsächlich in der Person steckt.

Wenn Sie Ihre Mitmenschen ein wenig besser beobachten, fällt

Ihnen vielleicht sogar auf, dass einige der Leute, die Sie für sehr stark und selbstbewusst gehalten haben, eigentlich gar nicht so viel sicherer sind als Sie selbst. Und vielleicht begegnen Ihnen auch Kollegen, die Sie anfangs eher für durchschnittlich oder zurückhaltend gehalten aber, die aber tatsächlich mit sich selbst in einem sehr gesunden Maß zufrieden sind. Wenn Sie sehen, wie sich Menschen verhalten, die viel Selbstvertrauen besitzen, dann zeigt Ihnen das außerdem, an welchen Verhaltensweisen Sie selbst noch arbeiten können. Vor allem aber verstehen Sie jetzt wahrscheinlich umso besser, warum uns Menschen mit viel Selbstvertrauen häufig sympathischer und viel erfolgreicher im Leben sind. Denn wer umgibt sich schon gerne mit unfreundlichen und niederschmetternd dominanten Mitmenschen? Wer stellt schon gerne jemanden ein, der keine Eigeninitiative zeigt und mit Kritik nicht umgehen kann?

Exkurs: Medizinischer Hintergrund – liegt Selbstvertrauen in unseren Genen?

Sowohl frühkindliche Erlebnisse als auch unser genetisches Erbgut bestimmen natürlich zum Teil, wer wir sind. Dazu gehört auch eine Veranlagung zu großem Selbstvertrauen und eine stärkere oder schwächere Ausprägung dieser. Bedeutet dies jedoch, dass wir an unserem Selbstvertrauen gar nicht so viel ändern können, weil es genetisch bedingt ist?

Selbstvertrauen ist ein recht eigentümlicher Mechanismus unserer Psyche und prägt einen Großteil unserer Verhaltensmuster. Das sieht man oft schon bei kleinen Kindern. Wie oben bereits ausgeführt, bestimmen gerade die ersten fünf Lebensjahre unsere Persönlichkeit besonders stark. Tatsächlich glauben zahlreiche Forscher heute, dass auch die Genetik beim Selbstvertrauen eine große Rolle spielt – teilweise wird sogar davon ausgegangen, dass die Gene bis zu 50% für das eigene Selbstvertrauen verantwortlich sind. Doch keine Sorge – dass dies zum Teil in unseren Erbanlagen liegt, heißt keineswegs, dass man sein

Selbstvertrauen im Nachhinein nicht verbessern kann! Es bedeutet maximal, dass es für einige Menschen leichter ist und für andere mehr Arbeit bedeuten kann. Lassen Sie sich also nicht entmutigen, wenn Sie eher zu den Schüchternen gehören. Auch wenn Sie genetisch eher die Veranlagung zum Schüchtern-sein, als zu großem Selbstvertrauen haben, können Sie lernen, Ihr Selbstvertrauen zu verbessern, und genauso sicher zu werden wie andere. Mit diesem Buch haben Sie bereits einen großen Schritt gemacht und werden im späteren Verlauf noch viel mehr darüber lernen, wie das geht!

SELBSTVERTRAUEN UND SEINE AUSWIRKUNGEN AUF UNSER LEBEN – WARUM WIR ES BRAUCHEN UND WOLLEN

Nun wissen Sie also, woher Selbstvertrauen eigentlich kommt, was es bedeutet und – besonders wichtig – dass es nie zu spät ist, daran zu arbeiten! Wieso aber sehnen wir uns überhaupt nach mehr Selbstvertrauen? Wie wirkt sich großes Selbstvertrauen in unserem Alltag aus? Und kann man auch *zu viel* Selbstvertrauen haben? Diese und weitere Fragen werden in den nächsten Kapiteln beantwortet. Lernen Sie, wie Sie mit einem stärkeren Selbstvertrauen entspannter durch Ihren Alltag gehen und auch berufliche Erfolge leichter und schneller verzeichnen können!

Auswirkungen auf unser Privatleben

Beginnen wir mit Ihrem privaten Lebensrahmen. Wie wirkt sich ein starkes Selbstvertrauen auf private Verhaltensweisen und Erfolge aus?

Menschen mit starkem Selbstvertrauen gehen grundsätzlich entspannter durch das Leben – sie freuen sich ausgiebiger, sie haben weniger Ängste und Sorgen, und sie sind mit sich selbst in einem hohen Maß im Reinen. Und das strahlen sie meistens auch aus. Wer viel

Selbstvertrauen besitzt, ist sich jedoch auch über seine Schwächen und Fehler im Klaren und hat kein Problem damit, dazu zu stehen. So weit, so gut. Doch wie wirkt sich all das langfristig auf Ihr Privatleben aus?

Bereits im Kindesalter kann man feststellen, dass sich starkes Selbstvertrauen positiv auswirkt – selbstbewusste Kinder haben meistens weniger Probleme damit, aus den familiären Kreisen herauszukommen und auf andere Kinder zuzugehen. Sie finden bereits im Kindergarten schneller Freunde und freuen sich auf die Einschulung. Sie lernen gerne neue Leute kennen und je öfter sie auf andere Kinder zugehen, desto mehr Freunde finden sie auch. Sie werden häufiger zu Geburtstagen eingeladen und fühlen sich dadurch erst recht sicher und selbstbewusst. In der Schule melden sie sich häufiger und erhalten bessere mündliche Noten. Dadurch wiederum fühlen sie sich weiter gestärkt und melden sich auch weiterhin fleißig, halten wahrscheinlich gute Referate, da sie nicht sonderlich nervös sind und bekommen dafür gute Noten und Lob. Wenn sie zu Teenagern heranwachsen, haben Sie wahrscheinlich immer noch einen ausgeprägten Freundeskreis und keine Probleme damit, in neue Klassenkonstellationen zu geraten, neue Hobbys auszuprobieren, und es besteht eine gute Chance, dass sie auch früher erste Dates haben. Es besteht eine gute Chance, dass sie mit zunehmendem Alter auch zunehmend bestärkende Erlebnisse verzeichnen und dadurch weiterhin Selbstvertrauen sammeln (sofern keine traumatischen Ereignisse dazwischenkommen).

In der Universität oder Ausbildungszeit haben diese Menschen häufig immer noch viel Erfolg und Freunde. Viele Menschen engagieren sich ehrenamtlich oder haben neben dem Studium schnell einen Nebenjob gefunden, mit dem sie sich zusätzliche Aktivitäten leisten können. Und auch die Wohnungssuche gestaltet sich sicherlich um einiges leichter, wenn man ein sicheres und zufriedenes Auftreten an den Tag legt. Und auch in den späteren Jahren fällt es Menschen mit viel Selbstvertrauen leichter, neue Kontakte zu knüpfen, alte Freundschaften aufrecht zu erhalten und nie die Lebensfreude zu verlieren.

Wer ein eher geringes Selbstvertrauen hat, leidet hingegen häufig unter eher unsympathischen Eigenschaften – Eifersucht, Neid, Wutanfälle, passiv-aggressives Verhalten oder Uneinsichtigkeit etc. Das wiederum führt dann – wie immer in einem Teufelskreis – dazu, dass die Mitmenschen diese Person weniger mögen. Das Ergebnis kann Einsamkeit sein, unerfüllte Sehnsüchte etc. Eine Beziehung aufzubauen, wird wesentlich schwieriger, und falls man doch einen Partner findet, dann hat man umso mehr Sorge diesen wieder zu verlieren. Eifersuchtsattacken und Aggressionen können tatsächlich Auslöser für ein Beziehungsende sein, und das Verlassen-werden verringert das Selbstvertrauen umso mehr. Es kann aber natürlich auch sein, dass man an Partner oder vermeintliche Freunde gerät, die einen wirklich hintergehen – Menschen mit einem hohen Selbstvertrauen lassen sich dies sicherlich nicht gefallen. Wer ein niedriges Selbstvertrauen hat, der neigt wahrscheinlich eher dazu, ein solches Verhalten über sich ergehen zu lassen.

Für Ihr Privatleben ist ein gesundes Selbstvertrauen also durchaus ein großer Vorteil.

Auswirkungen auf unseren Beruf

Selbstvertrauen wirkt sich natürlich auch auf unseren Beruf aus – das beginnt sogar teilweise schon bei der Berufswahl. Wer sich eher viel zutraut, wird wahrscheinlich auch einen Beruf ausüben, den er wirklich möchte oder der viel von ihm verlangt. Menschen mit einem hohen Selbstvertrauen hinterfragen bei der Ausbildungswahl wahrscheinlich weniger die Zukunftschancen oder ob Sie dem Job auch gewachsen sind. Menschen mit weniger Selbstvertrauen gehen wahrscheinlich lieber kein Risiko ein, sondern wählen im Zweifelsfall einen sicheren Job, den Sie verhältnismäßig leicht ausüben können und der auch in der Zukunft nicht zu viele schwierige Situationen oder Herausforderungen mit sich bringt.

Viel Selbstvertrauen bringt Sie schließlich auch gezielter durch das Bewerbungsgespräch – bzw. sorgt dafür, dass Sie überhaupt zu einem eingeladen werden. Denn wer viel Selbstvertrauen hat, strahlt das häufig auch in seinem Lebenslauf und dem Anschreiben aus. Ein Mensch mit einem hohen Maß an Selbstvertrauen beginnt sein Anschreiben wahrscheinlich seltener mit einem 08/15-Standard-Satz, sondern lässt sich etwas Ausdrucksstarkes und Ausgefallenes einfallen.

Ein Einleitungssatz, der sich kreativ oder besonders interessant, vielleicht sogar humorvoll anhört, ist auf jeden Fall etwas, dass Sie von der Masse abhebt. Auch dies ist übrigens ein gutes Beispiel, an dem man den Kreislauf erkennt: Wer zu vielen Gesprächen eingeladen wird, ist wahrscheinlich auch auf der weiteren Jobsuche sicherer. Er hat ja schon viele Erfolgserlebnisse verzeichnen können, wie z.B., dass sein Anschreiben und Lebenslauf einen guten Eindruck gemacht haben, sodass er nicht auf jedes einzelne Gespräch angewiesen ist, weil er auch noch Plan B und C hat. Sein Bewerbungsgespräch ist wahrscheinlich nicht das einzige aus hundert verschickten Bewerbungen. Und diese Erfolgserlebnisse steigern das Selbstvertrauen noch einmal mehr. Im Gespräch selbst dann, tritt dieser Mensch wahrscheinlich sicher und kompetent auf – was die Einstellungschancen natürlich erheblich erhöht.

Wenn Sie bereits im Berufsfeld angekommen sind, beeinflusst Ihr Selbstvertrauen wahrscheinlich Ihre Aufstiegschancen, den Umgang mit Arbeitskollegen und wie Sie von Ihrem Chef und ggf. von Kunden wahrgenommen werden.

Ein gesundes Selbstvertrauen zeigt sich im Arbeitsleben auch dadurch, dass Sie gerne Eigeninitiative zeigen und respektvoll mit allen anderen umgehen. In Gruppen-Meetings sind die Kollegen mit einem hohen Selbstvertrauen nicht aufdringlich, tragen aber häufig produktiv zur Problemlösung bei. Das gefällt den meisten Arbeitgebern natürlich sehr und auch die Kollegen werden das schätzen. Und sollte es zu

Ungerechtigkeiten kommen, lassen sich die Kollegen mit einem hohen Selbstvertrauen das wahrscheinlich wesentlich weniger gefallen, als diejenigen mit starken Zweifeln. Im Umgang mit Kunden kann sich ein hohes Selbstvertrauen auf eine zufriedenstellende Bewertung auswirken, es kann dazu führen, dass die Person oder die Firma weiterempfohlen wird oder die Kunden sich schlichtweg dankbar zeigen. Sie merken also, ein hohes Selbstvertrauen kann Ihnen viele Prozesse im Arbeitsalltag erleichtern.

Exkurs: Die Kehrseite der Medaille – kann man zu viel Selbstvertrauen haben?

Womöglich fragen Sie sich nun, ob es auch eine Kehrseite der Medaille gibt. Dass Selbstvertrauen Ihnen viele Türen öffnen kann, das wissen Sie nun – doch kann Selbstvertrauen sich auch in die andere Richtung entwickeln? Kann man zu viel Selbstvertrauen haben, und welche Wirkung hat dies auf andere Menschen?

Wie Sie bereist gelernt haben, kommen manche Menschen besonders stark und dominant rüber. Dies wirkt häufig nicht besonders sympathisch, wird aber von anderen Menschen dennoch teilweise als hohes Maß an Selbstvertrauen wahrgenommen. Dass dies in den allermeisten Fällen ein Ausdruck des genauen Gegenteils ist, ist oft nicht bekannt. Dieses Verhalten hat also mit Selbstvertrauen nicht viel zu tun, obwohl es auf den ersten Blick so aussehen kann.

Eine ähnliche Form dessen ist Arroganz oder Hochmut. Dies resultiert tatsächlich eher aus einem übersteigerten Selbstwertgefühl und aus einer Überschätzung der eigenen Fähigkeiten. Von gesundem Selbstvertrauen ist auch diese Eigenschaft jedoch weit entfernt. Wie Sie in den nächsten Kapiteln feststellen werden, hat Selbstvertrauen nämlich auch etwas damit zu tun, sich selbst zu kennen, seine Macken zu akzeptieren und zuzugeben, und sein eigenes Verhalten reflektieren zu können.

Selbstüberschätzung ist davon weit entfernt.

Schließlich gibt es auch noch solche Menschen, die wir als wahre *Narzissten* bezeichnen würden, also als Menschen, die von sich selbst ganz und gar eingenommen sind. Narzissten sind Menschen, die unter übersteigerter Selbstliebe und Ich-Bezogenheit leiden. Diese Menschen gehen davon aus, dass sie in allem Maße erhaben und andere ihnen gegenüber minderwertig seien. Sie haben einen Mangel an Empathievermögen und streben nach Bewunderung. Das ist jedoch meistens bereits krankhaft stark ausgeprägt und ebenfalls weit entfernt von einem gesunden Selbstvertrauen. Selbstvertrauen, mit der Fähigkeit zur Reflexion und Kritikannahme, ist von all diesen Dingen abzugrenzen. Die Antwort auf die Frage, ob man zu viel Selbstvertrauen haben kann, lautet also: Selbstliebe und Selbstüberzeugung, ja. Selbstvertrauen ist jedoch etwas anderes. Sie brauchen sich also eher keine Sorgen zu machen, dass Sie ein wenig zu selbstsicher werden und dadurch eher abschreckend auf andere wirken könnten.

Von der Theorie zur Praxis – Ihr Weg zu mehr Selbstvertrauen

Nun kennen Sie also die Theorie hinter diesem viel gelobten Wort *Selbstvertrauen*. Doch sicherlich fragen Sie sich nun, wie Sie selbst mehr Selbstvertrauen erlangen können. In diesem zweiten Teil des Buches werden Sie daher Schritt für Schritt lernen, wie Sie Ihr Selbstvertrauen verbessern können und wie Sie mit kleinen Tricks im Alltag größere Erfolge verzeichnen können. Lernen Sie die besten Methoden kennen und erfahren Sie, welche Eigenschaften besonders wichtig auf dem Weg zu mehr Selbstvertrauen sind. Los geht's!

SELBSTERKENNTNIS – DER ERSTE SCHRITT AUF DEM WEG ZU MEHR SELBSTVERTRAUEN

Selbstvertrauen erlangt man nicht über Nacht, so sehr man es sich womöglich auch wünscht. Doch dieses Ziel ist auch nicht so fern, wie Sie vielleicht am Anfang befürchten. Gehen Sie schrittweise vor, geben Sie sich Zeit und Sie werden schnell die ersten kleinen Erfolge bemerken. Der erste dieser Schritte auf Ihrem Weg trägt den Namen *Selbsterkenntnis*.

Hinter diesem Wort steckt erstmal ein wenig Unklarheit – denn was bedeutet es wirklich, *sich selbst zu erkennen*? Selbsterkenntnis ist ein naher Verwandter der Selbstreflektion, zu der wir im späteren Teil dieses Buches noch kommen werden. Es bedeutet im Prinzip, dass Sie in der Lage sind, über sich selbst nachzudenken und sich zu verstehen. Im positiven wie auch im negativen Sinn. Das Gegenteil von Selbsterkenntnis ist demnach *Selbsttäuschung*, also wenn Sie nicht wissen, wer Sie sind und sich sogar selbst etwas vormachen, ja von sich selbst getäuscht sind. Ein geringes Verständnis für das eigene Selbst zeichnet sich häufig in *Selbstüberschätzung* aus oder auch im Gegenteil, im Unterschätzen der eigenen Person. Dies wiederum resultiert häufig in einem geringen Selbstwertgefühl oder gar sogenannten *Minderwertigkeitskomplexen.*

Sie erkennen schon an all diesen eng miteinander verwandten Worten, wie fließend die Zusammenhänge und Übergänge sind, und wie oftmals Eigenschaften einander gegenseitig beeinflussen.

Selbsterkenntnis ist eine der ältesten Forderungen der Philosophie. In der heutigen Psychoanalyse wird mit Selbsterkenntnis sowohl die Vorstellung über das eigene Selbst als auch die Vorstellung über die Beziehungen dieses Selbst zur Umwelt bezeichnet. Das bedeutet also, gerade in Persönlichkeitsentwicklungen geht es nicht nur darum, zu erkennen, wer Sie selbst sind, sondern auch, wo Sie sich in der Welt befinden. Selbsterkenntnis ist daher auch ein wichtiger Bestandteil für das Erlangen von Empathie und ein funktionierendes Sozialleben.

So weit, so gut. Ein wenig abstrakt ist diese Idee jedoch immer noch und obendrein ein wenig schwierig zu lösen. Denn wer Selbsterkenntnis erlangen möchte, der braucht dafür ein reflexives und möglichst objektives Bewusstsein. Und objektiv über die eigene Person zu denken, ist oftmals viel leichter gesagt, als getan. Lernen Sie daher im Folgenden die wichtigsten Fragen, die Sie sich selbst ehrlich stellen und beantworten sollten, um Selbsterkenntnis zu erlangen. So werden Sie Schrittweise näher an diesen Begriff herangeführt.

Warum fällt es uns so schwer, ein objektives Bild des eigenen Selbst zu malen?

Um zu verstehen, wie Sie ein ehrliches Bild von sich selbst schaffen können, müssen Sie zunächst verstehen, worauf Sie dabei achten müssen, und warum ein objektives Bild der eigenen Person oft gar nicht so einfach kreiert ist. Unsere eigene Wahrnehmung ist grundsätzlich subjektiv. Sie bezieht sich nur auf ein Subjekt, auf uns selbst. Um ein möglichst objektives Bild von sich selbst zu erzeugen, ist es daher wichtig, nicht nur die eigene Meinung, sondern auch die Außenwirkung miteinzubeziehen.

Wenn Sie nun also andere Meinungen einholen, werden Sie vielleicht merken, dass es anderen Menschen wesentlich leichter fällt, Sie zu beschreiben – mit allen positiven und negativen Eigenschaften – als es Ihnen selbst fallen würde. Andersherum fällt es Ihnen wahrscheinlich auch viel leichter, Ihre Freunde und Verwandten zu beschreiben. Das ist ganz normal und liegt insbesondere an zwei entscheidenden Gründen – auch Ihren Freunden und Verwandten wird es in der Regel recht schwerfallen, sich selbst objektiv zu beschreiben. Auf die dafür allgemein weit verbreiteten Gründe möchten wir hier näher eingehen.

1. Erwartungen und Enttäuschungen

Sowohl wir selbst als auch andere haben – bewusst und unbewusst – Erwartungen an das eigene Selbst. Wir selbst möchten natürlich lieber ein besonders liebenswerter Mensch mit allerlei positiven Eigenschaften sein. Man hat die Erwartung an sich selbst nicht nur nett und freundlich zu sein, sondern auch intelligent, oder zumindest nicht dumm, hilfsbereit, oder wenigstens nicht eigennützig, lebensfroh, oder zumindest nicht durch und durch negativ, oder noch eine Vielzahl von anderen Eigenschaften. Festzustellen, dass man eher zu den ungebildeteren Kollegen gehört, möchte im Beruf niemand, genauso wenig, wie zu erkennen, dass andere viel mehr Ehrgeiz und Fleiß in ihre Arbeit stecken. Man hört nur ungern, dass es einem an Empathie fehlt oder an Feinfühligkeit oder dass man geduldiger und offener werden muss, weniger kindisch und besonnen oder gar, dass man auf den ersten Eindruck unsympathisch rüberkommt.

Und genauso, wie wir selbst eigene Erwartungen an uns haben, die wir nicht enttäuschen möchten, so wünschen wir uns auch, dass das Bild, was wir nach außen hin zeigen, nicht zerstört wird. Auch andere Menschen haben an uns womöglich bestimmte Erwartungen und wenn nicht, dann möchten wir ihnen in der Regel dennoch unbewusst gefallen, da wir von solchen (ebenfalls unbewussten) Erwartungen ausgehen. Man umgibt sich schließlich gerne mit sympathischen, hilfsbereiten, freundlichen Menschen – daher gehen wir davon aus, dass neue Kollegen uns z.B. gerne so wahrnehmen würden. Also versuchen wir häufig sogar unbewusst nur diese positiven Merkmale nach außen zu präsentieren. Man möchte nicht direkt als unangenehmer Kollege auffallen, also ist man vielleicht ein wenig hilfsbereiter, als man es eigentlich sein möchte. Man kann dabei innerlich genervt sein, überwindet sich jedoch trotzdem und erklärt dem Neuen ein drittes Mal, wie das Programm funktioniert, ohne sich zu beklagen. Eine kleine Illusion, die wir für andere und wahrscheinlich sogar für uns selbst schaffen, denn so wirken wir hilfsbereit und geduldig und können uns das sogar selbst einreden.

Wenn Sie sich nun selbst ein wenig eindringlicher beleuchten und dabei herauskommt, dass Sie eigentlich gar nicht so geduldig und hilfsbereit sind, wie Sie zu sein scheinen, dann wird es nicht nur für Sie selbst eine Enttäuschung sein. Es wird auch schwieriger werden, anderen Leuten etwas vorzumachen. Denn je präsenter die Gedanken sind, dass diese oder jene Verhaltensweisen gar nicht mit Ihrer Persönlichkeit übereinstimmen, desto schwieriger wird es, sie vorzugeben, und desto stärker wird das Gefühl, dass Sie nur schauspielern.

Um diese Enttäuschungen auf beiden Seiten zu vermeiden, vermeiden wir es also häufig, uns selbst detailliert und objektiv zu beleuchten.

2. Arbeiten, statt Verdrängen

Der zweite besonders starke Grund ist, dass wir während und nach dem Prozess der Selbsterkenntnis arbeiten müssen – wir müssen unsere Vergangenheit aufarbeiten und uns mit unangenehmen Geschehnissen auseinandersetzen, mit Ängsten und auch damit, dass wir womöglich negative Charaktereigenschaften besitzen, die wir verbessern könnten und sollten. Im Grunde wissen wir natürlich, dass jeder Mensch solche Charaktereigenschaften und Macken besitzt. Niemand ist perfekt – das hört man oft genug, und der Wahrheitsgehalt ist natürlich auch nicht abzustreiten. Dennoch wird man bei der Erkenntnis dieser Eigenschaften unweigerlich merken, dass es viel Positives bringen kann, wenn man daran arbeitet.

Doch zu arbeiten ist anstrengend und kostet Zeit und Nerven. Das Verdrängen der eigenen Negativgeschehnisse, Ängste und schlechten Eigenschaften, erscheint einem oftmals als die einfachere Variante.

Doch Selbsterkenntnis bringt Sie so viel weiter – es wird sich daher lohnen, zu arbeiten und mit Enttäuschungen umzugehen. Sie werden negative Erlebnisse endlich aufarbeiten können und sich nicht mehr davon herunterziehen lassen. Sie werden lernen, mit Kritik umzugehen, Ihr Sozialleben aufzuwerten und vor allem langfristig mit sich selbst mehr im Reinen zu sein. Also wagen Sie den Schritt, überwinden Sie Ihre Sorgen und Ihre Angst vor Enttäuschungen und schrecken Sie nicht vor ein wenig mehr Arbeit zurück – es wird sich ganz sicher auszahlen!

Wer bin ich eigentlich und was macht mich besonders?

Um in Schritten also nun an Ihrem Selbst-Bild zu arbeiten, stellen Sie sich zunächst die folgende Frage: Wer bin ich eigentlich?

Nehmen Sie sich spontan einen Augenblick Zeit und denken Sie darüber nach, woher Sie kommen und wie Ihr Weg bis zu diesem Punkt aussah. Was hat Sie zu demjenigen werden lassen, der Sie heute sind? Fragen wie diese sind ebenso schwierig und ungreifbar, wie sie wichtig sind. Um Selbstvertrauen zu erlangen, müssen Sie schließlich erst einmal verstehen, wer Sie sind, was Sie ausmacht, wo Ihre Stärken und Talente liegen und vieles mehr. Wenn Sie dies nicht wissen, dann können Sie später auch nur schwer darin Vertrauen erlangen. Klingt logisch, nicht wahr?

Eine Frage, die Sie sich im weiteren Verlauf unbedingt stellen sollten, ist diese: Wer bin ich *jetzt*? Sie haben sich mit Ihrer Vergangenheit beschäftigt und egal, ob Sie dabei erkannt haben, dass Sie gewisse Dinge noch aufarbeiten müssen oder nicht, irgendwann kommt der Punkt, an dem Sie sich genauer fragen sollten, wer Sie *jetzt* sind. Stellen Sie sich vor, Sie sollten sich selbst einer Person beschreiben, die Sie noch nie gesehen oder gehört hat – einem neuen Brieffreund etwa.

Schreiben Sie ruhig in Brief- oder E-Mail-Form etwas über sich selbst, als würden Sie dieser anderen Person von sich erzählen. Beschreiben Sie sich dabei ruhig auch optisch, das kann den Einstieg erleichtern und obendrein etwas über Ihr Leben aussagen. Sätze wie: *Von vielen Sorgenjahren ist meine Stirn schon etwas faltig geworden.* Oder: *Genau wie bei meinem Vater ergrauten meine Haare bereits ziemlich früh.* Oder auch schlichtweg: *Für die Arbeit trage ich meistens, so auch jetzt, dunkle Klamotten.* Solche recht oberflächlich erscheinenden Sätze sagen mehr über Ihr Leben aus, als Sie vielleicht denken und sind verhältnismäßig leicht zu schreiben, selbst dann, wenn man über sich selbst redet. Denken Sie dennoch stets daran: Bleiben Sie ehrlich und unverfälscht. Und versuchen Sie vor allem nicht zu wertend zu schreiben. Denken Sie daran: Bleiben Sie so objektiv, wie es geht. Vermeiden Sie also vor allem allzu negative Ausdrücke wie *unschöne Falten*. Auch Ausdrücke wie *wunderschöne Haare* sind vielleicht nicht allzu angemessen – stattdessen können Sie aber durchaus schreiben: *...dichte und lockige Haare, die mir sehr gut gefallen. Auch von anderen habe ich häufig positives Feedback zu meinen Locken und Frisuren bekommen.* So bewerten Sie nicht nur subjektiv, sondern schreiben zuerst die neutrale Aussage auf (*dichte und lockige Haare*), dann Ihre persönliche Meinung (*gefallen mir sehr gut*) und schließlich noch das, was Sie von außen dazu als Feedback bekommen (*positiv*). Das kann sich natürlich auch widersprechen – vielleicht mögen Sie selbst Ihre Haare gar nicht so gerne wie andere? Oder aber Sie selbst mögen die Arbeitskleidung, die Sie tragen müssen sehr, obwohl alle Ihre Kollegen sie furchtbar finden? Auch das können Sie natürlich genauso aufschreiben.

Nachdem Sie eine möglichst objektive Beschreibung Ihres Äußeren abgegeben haben, sollten Sie weiter in die Tiefe gehen und von Ihren Interessen und Fähigkeiten schreiben. Folgende Fragen können Ihnen dabei helfen, das Bild zu vervollständigen:

1. Was machen Sie beruflich und mögen Sie Ihren Job? Wenn ja, warum? Wenn nein, warum nicht?

2. Welche Hobbys haben Sie, bzw. was machen Sie noch außerhalb Ihres Arbeitslebens? Sind Sie eher sportlich oder musikalisch oder ehrenamtlich aktiv? Was hat Sie zu dieser Freizeitgestaltung motiviert? Gehen Sie lieber ins Café oder in ein schickes Restaurant oder kochen Sie gerne zuhause? Besuchen Sie gerne Museen, Theatervorstellungen und Konzerte?

3. Welche anderen Interessen haben Sie? Gibt es vielleicht Dinge, die Sie selbst spannend finden, mit denen Sie sich aber nicht zu detailliert beschäftigt haben? Das kann z.B. Kunst sein, obwohl Sie selbst gar nicht malen können – vielleicht sehen Sie sich ja trotzdem Ausstellungen an oder es fehlt Ihnen nur an Zeit, dies einmal auszuprobieren? Oder wollten Sie schon seit langem eine bestimmte Reise vornehmen? Oder etwas Bestimmtes lernen?

4. Wie sieht Ihr soziales Umfeld aus? Haben Sie viele Freunde, die Sie regelmäßig sehen oder leben viele davon weit entfernt? Haben Sie eine/n Partner/in oder sogar Kinder? Leben Ihre Eltern und Großeltern noch und sehen Sie diese regelmäßig oder telefonieren Sie häufig? Gehen Sie grundsätzlich gerne unter Menschen oder sind Sie

lieber zuhause bzw. brauchen Sie viel Zeit für sich allein?

5. Wie gestaltet sich Ihr Lebensumfeld ansonsten? Haben Sie Ihr eigenes Haus oder eine Wohnung? Leben Sie alleine oder mit anderen Menschen zusammen? Wohnen Sie in einer großen Stadt oder auf dem Land und haben Sie sich bewusst für diese Lebensart entschieden der würden Sie es gerne ändern? Kennen Sie Ihre Nachbarn und haben Sie ein Stammlokal?

All diese Fragen können Ihnen ganz wunderbar dabei helfen, ein möglichst objektives aber detailliertes Bild von Ihrer Person zu schaffen. Das Ganze wie einen Brief oder eine Mail aufzuschreiben, hat den Vorteil, dass Sie sich daran erinnern können: Die Person, die den Brief oder die Mail erhält, hat Sie noch nie gesehen. Sie hat absolut keine Vorstellung von Ihnen, daher sollten Sie so viele Details wie möglich nennen.

Nun geht es an den schwierigeren Teil: Ihre Fähigkeiten und Stärken. Diese objektiv beurteilen zu können, ist der schwierigste Teil der Selbstbeschreibung. Doch umso wichtiger ist dieser Schritt auch. Ein wenig Hilfe können Sie dabei durch Ihre Freunde und Verwandten bekommen. Wenn Sie möchten, können Sie z.B. ein paar Menschen aus Ihrem Umfeld bitten, eine Liste Ihrer Eigenschaften für Sie aufzuschreiben – gerne auch anonym. Dabei fühlen sich die anderen vielleicht freier und ehrlicher. Oder Sie machen sehr deutlich, dass nur ehrliche Meinungen Ihnen helfen, auch wenn es vielleicht nicht eins zu eins das ist, was Sie sich zu hören erhoffen.

Sie können gerne auch weiter darüber schreiben, wie Ihr Leben aussieht – welche Familienverhältnisse wie ausgeprägt sind, welche Menschen in Ihrem Umfeld sind und wer Ihnen besonders viel bedeutet und warum. Legen Sie z.B. viel Wert auf enge Freundschaften? Setzen Sie sich nicht unter Druck, sondern schreiben Sie, was Ihnen einfällt und versuchen Sie möglichst neutral zu bleiben. Je mehr Details Sie über Ihr Leben einfangen, desto einfacher wird es in den nächsten Schritten. Aber auch kurze Beschreibungen erfüllen bereits ihren Zweck. Es soll hier schließlich zunächst nur darum gehen, zu verstehen, was Sie als Individuum ausmacht.

Nehmen Sie sich für diese ersten Gedankengänge so viel Zeit, wie Sie möchten. Sie können gerne einen ganzen Abend daran sitzen, oder aber über mehrere Tage verteilt Ihre Eigenbeschreibung schrittweise ergänzen. Gehen Sie gerne nochmal prägnante Schritte Ihrer Vergangenheit und Ihres bisherigen Werdegangs durch. Was oder wer hat Sie bisher besonders beeinflusst? Haben Sie Dinge erlebt, die Sie noch nicht verarbeiten konnten oder die Sie vielleicht nachhaltig in einer Weise geprägt haben, die Sie eigentlich gar nicht so gutheißen? Oftmals sorgen wenige, aber besonders einschneidende Erlebnisse dafür, dass wir misstrauisch werden, ängstlich oder besonders stur.

Ein guter Tipp: Schreiben Sie – idealerweise handschriftlich – alles auf, was Sie bewegt und was Ihnen zu diesen Fragen einfällt, auch wenn Sie z.B. einen Einfall in Ihrer Mittagspause haben. So stellen Sie sicher, dass Sie nichts vergessen. Notieren Sie sich, wenn Sie Erlebnisse noch aufarbeiten möchten und ebenso die Erlebnisse, die Sie besonders positiv geprägt haben. Legen Sie gerne extra dafür ein dickes Notizbuch an. Dies kann Ihnen auch in den späteren Verläufen Ihres Weges nützlich sein.

Längerfristig können auch verschiedene Methoden wie ein Tagebuch zu führen und Achtsamkeitsübungen sehr effektiv dazu beitragen, dass Sie ein gesundes Selbstbild entwickeln.

Und übrigens: Es ist gar nicht so verkehrt, wenn Sie immer mal wieder kleine Unsicherheiten in Ihrem Selbstbild finden. Zum einen ist das ganz normal und gar nicht schädlich, sich hin und wieder zu hinterfragen. Solange Sie größtenteils Vertrauen in sich entwickeln, schadet es nicht, hin und wieder zu zweifeln. Zweifel an sich sind schließlich nichts

Schlechtes, solange sie nicht überwiegen. Außerdem zeigten einige Studien, dass manchmal ein paar Zweifel sogar Ansporn sein können, anderen seine Qualitäten zu beweisen. Über Jahre ein gut ausgeglichenes Selbstbild zu erhalten, bedeutet also auch, immer wieder Reflektion zu üben und das eigene Bild zu überprüfen.

Welche Ziele und Bedürfnisse habe ich – und was habe ich bereits erreicht?

Eine weitere wichtige Frage, die Sie sich im Rahmen der Selbstbildschaffung stellen sollten, ist jene nach Ihren Zielen und Bedürfnissen. Dabei können Sie im kleinen Rahmen anfangen und zunächst feststellen, wonach Sie sich im Alltag sehnen, welche Bedürfnisse zu Ihren ganz alltäglichen gehören und was Sie generell versuchen, zu erreichen. Weite Zukunftsausblicke brauchen Sie in diesem Schritt noch nicht vorzunehmen.

Alltagsbedürfnisse

Es kann durchaus hilfreich sein, Ihre Bedürfnisse zunächst zu kategorisieren. Beginnen Sie mit Ihren Alltagsbedürfnissen. Wonach sehnen Sie sich grundsätzlich? Welche Bedürfnisse verspüren Sie in Ihrem alltäglichen Leben?

Es bietet sich an, auch diese Dinge aufzuschreiben. Das können Sie in einem Fließtext, aber auch einfach in Stichpunkten bzw. einer Listenform machen, ganz wie es Ihnen beliebt. Am einfachsten ist der Prozess, wenn Sie sich Zeit nehmen und Schritt für Schritt herunter schreiben, was Ihnen einfällt. Überlegen Sie sich dazu, welche Bereiche zu Ihrem Alltag gehören. Wonach sehnen Sie sich z.B. im Umgang mit Menschen? Sind Sie eher eine Person, die viel Nähe braucht, oder ziehen Sie sich gerne zurück und haben häufiger das Bedürfnis nach *Alleine-Zeit*? Wenn Sie in der Stadt unterwegs sind, freuen Sie sich dann über Trubel, unterhalten Sie sich auch gerne mit Fremden und erfreuen Sie sich daran, andere Menschen unterwegs zu sehen? Oder versuchen Sie sich eher zu verstecken, hoffen bloß nicht angesprochen zu werden und sind eigentlich sogar zufriedener, wenn die Straßen leer sind?

Wenn Sie alleine sind, sind Sie dann eher ruhig, schlafen lange und machen nur entspannende Dinge wie Lesen, Baden, usw. oder sehnen Sie sich nach Action und Adrenalin? Haben Sie das Bedürfnis nach Spannung oder Bewegung, oder freuen Sie sich, wenn es abends leise wird und Sie sich mit einem Film ins Bett kuscheln können?

Wie sehen Ihre Freizeitaktivitäten sonst aus? Streben Sie nach privaten Zielen oder haben Sie das Bedürfnis, bestimmte Dinge zu erfahren oder zu erlernen? Das könnte z.B. das Erlernen einer neuen Sprache sein, ein Gürtel im Kampfsport, eine Mannschaftstrophäe, das Verlängern Ihrer Laufstrecke, das Erlernen eines Handwerks, usw. Und sollten Sie solche Ziele haben, verfolgen Sie diese auch ehrgeizig oder sind es eher Träume, die Sie nicht effektiv umsetzen? Wie häufig ist Ihnen die Umsetzung bereits geglückt?

Streben Sie in Ihrem Berufsfeld nach Erfolgen und Beförderungen oder sind Sie dahingehend eher entspannt eingestellt? Ist es Ihnen wichtig, besonders gut in Ihrem Arbeitsgebiet zu sein oder reicht es, dass Sie die Arbeit mögen, oder dass sie Ihren Lebensunterhalt sichert? Ist es für Sie ein Ansporn, gleich gut oder sogar besser als Ihre Kollegen zu sein oder betrachten Sie Ihre Arbeit unabhängig davon? Wenn Sie eine Aufgabe besonders gut erfüllt haben, möchten Sie dann auch die Anerkennung und das Lob dafür bekommen oder reicht es Ihnen, zu wissen, dass Sie gut gearbeitet haben? Und wenn Ihnen z.B. nur die Kunden oder die Kollegen Anerkennung erweisen, sehnen Sie sich dann trotzdem danach, dass es Ihrem Chef positiv auffällt?

All diese Überlegungen sind Feststellungen Ihrer Bedürfnisse im alltäglichen Leben. Und natürlich kann das noch viel weiter gehen. Daher können Sie sich für diese Feststellungen viel Zeit lassen.

Denken Sie immer daran, dass es hier um einen längeren Prozess geht und nicht um ein Rennen.

Spezielle Bedürfnisse

Neben den Bedürfnissen des alltäglichen Lebens gibt es natürlich auch noch solche, die an spezielle Umstände und Situationen gebunden sind. Dazu gehören sowohl glückliche als auch eher unangenehme Situationen. Wie verhalten Sie sich z.B., wenn Sie sich traurig fühlen? Möchten Sie dann lieber kurz alleine sein oder sehnen Sie sich augenblicklich nach Umarmungen und Nähe?

Wenn Sie sich aufregen, brauchen Sie dann eher eine Gelegenheit Ihren Ärger in Form von Worten oder Handlungen loszuwerden (etwa durch das Boxen gegen einen Boxsack)? Oder gehören Sie zu den Menschen, bei denen Entspannungs- und Beruhigungstechniken größere Wirkungen zeigen?

Wenn Sie besonders glücklich sind, möchten Sie dies dann am liebsten im wahrsten Sinne des Wortes herausschreien oder genießen Sie es manchmal sogar kleine Glücksmomente ganz für sich allein zu haben?

All dies sind Bedürfnisse, die zwar auch zum alltäglichen Leben gehören, aber selten permanent präsent sind. Andere Arten besonderer Bedürfnisse könnten z.B. Ihre Reisevorlieben sein. Sind Sie gerne zuhause und leicht von Heimweh geplagt, wenn Sie länger weg sind, oder haben Sie grundsätzlich eher Fernweh?

Gehen Sie gedanklich ruhig noch weitere Situationen und Fragen durch. Sie werden erstaunt sein, was Sie am Ende alles über sich selbst aussagen können.

Über Vorbilder, Idole und Zukunftsgedanken – wo gehe ich hin und wo möchte ich sein?

In diesem nächsten Schritt geht es nun tatsächlich um Ihre

Zukunftsgedanken. Wohin möchten Sie langfristig betrachtet gehen – im beruflichen wie auch im privaten Leben? Haben Sie Vorbilder und Idole, denen Sie nacheifern oder gerne nacheifern würden? Sich darüber einmal Gedanken zu machen, kann Ihnen ebenfalls auf dem Weg zu mehr Selbstvertrauen helfen, da Sie sich einerseits näher mit weiteren Zukunftsgedanken beschäftigen und andererseits auch lernen, wie Sie anderen positiv nacheifern können, ohne sich ständig zu vergleichen.

Es gibt nämlich einen bedeutenden Unterschied, den Sie nie vergessen sollten: Wenn Sie jemandem nacheifern und viel Ehrgeiz und Fleiß in Ihre Ziele stecken, ist das motivierend und bringt Sie sicherlich voran. Wenn Sie jedoch nur vergleichen und sich dabei klein machen, dann wird Sie das sicherlich nicht motivieren und eher davon abhalten, Ihr eigenes Projekt zu starten.

Am besten starten Sie also damit, sich genau zu überlegen, wer eigentlich Ihre Idole oder Vorbilder sind. Gibt es Menschen in Ihrem Leben, die Sie für einen bestimmten Erfolg, eine Eigenschaft oder etwas Ähnliches bewundern? Das können Menschen aus Ihrem privaten Umfeld, Ihrem beruflichen Leben oder auch vollkommen fremde Menschen bzw. berühmte Persönlichkeiten sein.

Manche Menschen bewundern z.B. Ihre Eltern oder älteren Geschwister für bestimmte Eigenschaften oder Erfolge. Manche Menschen bewundern Freunde oder Arbeitskollegen für Charakterzüge, die sie selbst auch gerne hätten oder für besonders gelungene Projekte. Manchmal inspirieren uns Menschen, die wir nur flüchtig getroffen haben, mit einer einmaligen Aktion oder einer besonders einprägsamen Rede. Manchmal inspirieren uns sogar Menschen, die wir persönlich nie gesehen, geschweige denn mit ihnen gesprochen haben – etwa Prominente oder Politiker. Schreiben Sie ruhig erstmal alle Namen auf, die Ihnen in den Sinn kommen und notieren Sie sich dann auch, warum diese Menschen zu Ihren Vorbildern gehören und was Sie gerne übernehmen würden. Versuchen Sie dabei die Eigenschaft so klar wie möglich zu formulieren, auch wenn Sie vielleicht erst auf den zweiten Blick genauer definiert wird.

Ein Beispiel: Sie bewundern Ihre Großeltern dafür, dass sie trotz großer Schwierigkeiten immer noch ein glückliches Paar sind. Dabei haben sie womöglich jahrelang voneinander entfernt gelebt, stammten vielleicht aus verfeindeten Ländern, Familien oder zwei Religionsgruppen? In früheren Generationen waren dies häufig nahezu unüberwindbare Schwierigkeiten. Doch Ihre Großeltern haben sich Tricks einfallen lassen und Möglichkeiten, damit umzugehen, und die Schwierigkeiten schließlich überwunden. Nun trifft dieses Problem, diese spezielle Situation vielleicht gar nicht auf Ihr Leben zu. Sie haben womöglich gar keinen Partner oder aber keine Probleme mit dieser Person auch zusammen zu sein. Dennoch können Sie aus solchen Situationen Eigenschaften ziehen, die Sie eigentlich bewundern. Das Überwinden schwieriger Situationen und Zeiten für einen besonderen Menschen oder auch für das eigene (Liebes-)Glück beweist schließlich Durchhaltevermögen, Stärke, Zuversicht, Ideenreichtum, Loyalität, Treue und noch vieles mehr. Statt einfach nur die Situation aufzuschreiben oder zu sagen, Sie bewundern Ihre Großeltern dafür, noch zusammen zu sein, könnten Sie neben all diese Eigenschaften aufschreiben. So wird Ihnen später besonders klar vor Augen geführt, welche Werte Sie schätzen, welche Moralvorstellungen Ihnen wichtig sind und welche Charakterzüge Sie an sich selbst auch gerne sehen (würden).

Besonders präzise zu sein, ist auch wichtig, da sich manchmal hinter einer bestimmten Eigenschaft oder Fähigkeit auch verschiedene Charakterzüge und Begabungen verstecken können. Ein Beispiel: Wenn Sie einen guten Redner bewundern, dann kann das natürlich bedeuten, dass Sie bewundern, dass diese Person sehr wortgewandt und klug erscheint. Oder aber Sie bewundern vielmehr das Selbstbewusstsein dieser

Person. Vielleicht auch ihren Witz und Charme. Andererseits kann es aber auch sein, dass Sie einen Redner mögen, weil er besonders ernst redet. Oder aber Sie mögen ihn, obwohl er für Ihren Geschmack noch etwas humorvoller agieren könnte, doch die anderen Eigenschaften sind ausschlaggebender?

Diese Auflistungen und Gedankengänge über Vorbilder und Idole sind bereits gute Indikatoren für Ihre Zukunftsvorstellungen, denn Sie zeigen Ihnen, woran Sie an sich selbst noch arbeiten könnten. Oder aber auch, wo Sie in der Zukunft stehen möchten – bewundern Sie Ihre Eltern dafür, was Sie alles auf sich genommen haben, um Ihnen ein glückliches Leben und vor allem eine unbeschwerte Kindheit zu ermöglichen? Womöglich steckt hinter dem Gedanken nicht nur, dass Sie selbst gerne so aufopferungsbereit wären, sondern auch, dass Sie gerne einem Kind die Werte weitergeben würden, die Sie selbst vermittelt bekamen.

Im nächsten Schritt geht es genau mit solchen Überlegungen weiter: Wo sehen Sie sich in der Zukunft? Diese Zukunft kann sehr vage sein oder einem konkreten Plan folgen. Wo sehen Sie sich in fünf Jahren? Oder aber auch: Wo sehen Sie sich zu einem unbestimmten Zeitpunkt in der Zukunft (der aber garantiert eintreten soll)? Planen Sie eine eigene Familie oder ein Haus zu bauen? Möchten Sie wieder zurück aufs Land ziehen oder in einer Metropole leben? Vielleicht träumen Sie ja schon lange davon, eine (unbestimmte) Zeit lang in einem anderen Land zu leben. Möchten Sie lieber jetzt viel Geld verdienen, um früh mit dem Arbeiten aufzuhören oder schlichtweg ein gutes finanzielles Polster erlangt zu haben? Ihre Zukunftswünsche können sich in sehr viele Richtungen ausprägen. Sie brauchen, wie gesagt, keine konkreten Pläne.

Wenn Sie nichts davon jemals überlegt haben und viele der genannten Fragen auch gar nicht oder nur sehr vage beantworten können, macht das auch nichts. Sie wissen nicht, ob Sie heiraten gut finden und Kinder möchten? Sie möchten gerne in einer Metropole leben, aber können nicht sagen, ob Sie dies für ein Jahr oder für zehn Jahre lang ausprobieren wollen? Kein Problem. Zumindest erkennen Sie nun, dass Sie eher offen und ohne große Pläne durch das Leben laufen.

Schritt für Schritt weiter – Tipps und Tricks für den Alltag

In diesem Kapitel lernen Sie nun die besten Schritte, Tipps und Tricks für die weitere Arbeit an Ihrem Selbstbild. Mit diesen einfachen, aber sehr wirkungsvollen Methoden können Sie im Alltag sehr leicht und permanent daran arbeiten, langfristig ein realitätsnahes und möglichst objektives Bild von sich selbst zu schaffen und zu erhalten. Sie müssen dafür natürlich nicht jeden Tag alle Tipps befolgen, aber wenn Sie hin und wieder einzelne Methoden anwenden, werden Sie sicherlich schon nach kurzer Zeit Erfolge verzeichnen können und merken, wie Sie mit einem offenen Blick durch das Leben gehen. Also los geht's!

SELBSTREFLEKTION – DER ZWEITE SCHRITT AUF DEM WEG

Selbsterkenntnis ist der erste Schritt auf dem Weg zu mehr Selbstvertrauen – nun kommt der zweite: *Selbstreflektion*. Selbsterkenntnis und Selbstreflektion hängen sehr eng miteinander zusammen. Selbstreflektion beschreibt im Allgemeinen das kritische Nachdenken und Hinterfragen der eigenen Gedanken und Handlungen. Wer lernt, seine eigenen Entscheidungen und Taten zu hinterfragen, zu überdenken und zu überprüfen, der ist auf dem besten Weg, mehr Selbstvertrauen zu erlangen. Dies kann anfangs ruhig durch einen Anstoß von außen geschehen, auf lange Sicht schadet es aber auch nicht, zu lernen, ohne kritische Impulse Reflektion zu üben. Gerade, wenn Sie darin noch etwas unsicher sind, kann Ihnen dies viel helfen.

Lernen Sie in diesem Kapitel, wie es Ihnen gelingt, sich selbst, bzw. die eigenen Handlungen und Entscheidungen, in einem gesunden Maß zu reflektieren.

Stärken und Schwächen einschätzen lernen

Zunächst müssen Sie lernen, Ihre Stärken und Schwächen richtig einschätzen zu können. Sie haben einen wichtigen Schritt bereits damit erledigt, indem Sie sich aufgeschrieben und notiert haben, was Sie können und wo Ihre Fähigkeiten liegen (und damit haben Sie ja bereits auch schon festgestellt, wo sie nicht liegen). Nun geht es aber noch einen Schritt mehr in die Tiefe: Schätzen Sie Ihre Fähigkeiten und auch gezielt Ihre Schwächen sehr genau und sehr reflektiert ein. Das heißt, anstatt z.B. einfach nur festzustellen, dass viele Freunde sich an Sie wenden, wenn Sie jemanden zum Zuhören brauchen, sollten Sie gezielter hinterfragen, *wie* Sie eigentlich zuhören. Dass sich viele Ihrer Freunde in dieser Lage an Sie wenden, ist natürlich ein gutes Zeichen dafür, dass Sie gut zuhören können. Aber wie gut machen Sie das eigentlich wirklich? Und tun Sie das auch gerne oder machen Sie es eher genervt und unruhig, versuchen aber, sich nichts anmerken zu lassen?

Gehen Sie aber nicht nur Ihre Fähigkeiten durch, sondern überprüfen Sie auch, wie Sie Entscheidungen treffen und wie Sie handeln. Dazu machen Sie sich am besten nach ein paar Vorüberlegungen Notizen und fangen dann an, in Ihrem Alltag vermehrt auf solche Situationen zu achten. Hinterfragen Sie im Nachhinein Ihre Reaktion und beziehen Sie ruhig auch Freunde mit ein – lassen Sie sich erklären, wie Ihr Verhalten auf sie gewirkt hat und wieso. Oder besser noch: Wenn Sie Zeit haben, eine Entscheidung zu treffen, überprüfen Sie ruhig Ihren ersten Impuls bzw. Ihr Bauchgefühl vor der eigentlichen Entscheidungstreffung.

Wie reflektierte ich meine Handlungen und Aussagen? Theorie und Praxisübungen

Die eigenen Handlungen und Aussagen zu reflektieren, ist nicht immer ganz einfach – denn schließlich ist es immer schwierig, eine neutrale Perspektive auf seine eigenen Motive zu erhalten. Doch es lohnt sich, dies regelmäßig zu tun, auch wenn es anfangs schwerfallen mag.

In der Theorie klingt das wahrscheinlich gar nicht so kompliziert. In der Praxis ist es das mit ein wenig Übung auch nicht. Allerdings brauchen Sie dafür ein wenig Objektivität und häufig auch etwas Abstand zu einer Situation. Versuchen Sie für eine Weile, nach Ihren Handlungen und Entscheidungen ein wenig Abstand zu nehmen, und dann die Situation neu zu betrachten. Wenn Sie z.B. aus Wut reagiert haben, sollten Sie sich zuerst Zeit geben, sich zu beruhigend. Wenn Sie sich bei der Arbeit nach einer Argumentation mit Ihrem Kollegen für einen anderen Weg entschieden haben, als dieser Ihnen vorgeschlagen hat, dann können Sie trotzdem noch im Nachhinein Ihre Entscheidung überdenken und überprüfen. Manchmal bringen uns Drucksituationen oder auch Sturheit oder Unsicherheit zu einer Entscheidung, die wir im Nachhinein nicht so getroffen hätten.

Wenn Sie noch Zweifel haben, lassen Sie sich ruhig nochmal von einem Kollegen oder Freund erklären, wieso dieser die Entscheidung nicht für klug halten kann. Oder Sie fragen einen unbeteiligten Dritten um seine Meinung über die Situation und seine Meinung zu dem Thema. Vielleicht bekommen Sie dabei noch ungeahnte Denkanstöße. Schlafen Sie ruhig auch nochmal darüber und gehen Sie die Situation am nächsten Tag nochmal durch.

Versuchen Sie sich öfter mal in die Situation des anderen hineinzuversetzen und hinterfragen Sie auch seine Argumente und Sichtweise. Das kann ebenfalls zu einer gesunden Selbstreflexion beitragen.

Am besten machen Sie dies in regelmäßigen Abständen zu einem Ritual. Führen Sie womöglich sogar ein Tagebuch. Sie brauchen sich nicht zu sehr damit zu stressen; auch jeden zweiten Tag zu üben, kann schon sehr viel bewirken.

Feedback einholen und richtig damit umgehen – wie lerne ich, Kritik zu verarbeiten?

Feedback einzuholen, ist sehr wichtig bei dem Prozess der Selbstreflexion. Dabei müssen Sie natürlich darauf vorbereitet sein, dass das Feedback sowohl positiv als auch negativ ausfallen kann. Daher gehört zum Feedback-Einholen auch, dass Sie das Feedback richtig einordnen lernen, einschätzen können und mit Kritik und Anregungen richtig umzugehen wissen.

Das soll bedeuten: Es kann Feedback geben, das gut gemeint und hilfreich ist, oder solches, das sehr persönlich ist oder sogar böse gemeint. Feedback kann von Personen kommen, die tatsächlich wissen, wovon sie sprechen oder von solchen, die keine Ahnung von dem Thema haben, ihre Meinung aber trotzdem loswerden wollen. Je nach Situation kann dies sehr unterschiedlich zu bewerten sein. Daher ist es zu Beginn wichtig, zu verstehen, wie Sie Feedback – insbesondere Kritik – einordnen und ggf. daraus lernen können.

Positives Feedback

Feedback kann zunächst positiv oder negativ ausfallen. Positives Feedback nehmen wir natürlich gerne an – egal, ob es berechtigt ist oder nicht. Es pusht unser Selbstbewusstsein und lässt uns einen Erfolg verzeichnen. Es lässt uns den Moment genießen und motiviert uns, weiterzumachen. Doch auch bei positivem Feedback, kann es empfehlenswert sein, das Feedback detaillierter zu beleuchten.

Wenn das Feedback z.B. von der Familie kommt, Ihnen aber alle Kollegen eher schlechte Kritik entgegenbringen, dann kann es durchaus sein, dass Ihre Familie einer sogenannten *Verzerrung* unterliegt. Sie ist sozusagen vorurteilsbehaftet, aber im positiven Sinne. Denn diese Menschen mögen Sie und nehmen gewisse Fehler womöglich gar nicht so intensiv wahr. Das heißt natürlich nicht, dass Sie niemals Feedback von Menschen einholen sollten, die Sie mögen – ganz im Gegenteil. Familie und Freunde werden vermutlich besonders ehrlich zu Ihnen sein und Sie motivieren, weiterzumachen.

Daher ist das Feedback dieser Menschen auf eine gewisse Art auch besonders wertvoll. Es sollte Ihnen aber bewusst sein, dass auch positives Feedback nicht immer einer objektiven Meinung entsprechen muss. Ein neuer Kollege wird Ihnen vielleicht ein wohlwollendes Feedback geben, um Sie nicht zu kränken, da er Sie noch nicht so gut kennt. Eine Person, die Ihnen untergeordnet ist, traut sich vielleicht nicht immer, ganz ehrlich zu sein, um Sie nicht zu beleidigen oder zu verärgern. Oder jeder kann auch mal die Ausnahme von der Regel darstellen – während die meisten Ihrer Kollegen bunte Power-Point-Hintergründe wahrscheinlich als etwas unprofessionell empfinden werden, findet Sie einer aus der Runde womöglich besonders kreativ und witzig. Wenn Sie also merken, dass sich trotz positiven Feedbacks kein erwünschter Erfolg einstellt, hinterfragen Sie das noch einmal, und überdenken Sie die Situation.

Grundsätzliches über Kritik

Kritik ist grundsätzlich nichts rein Negatives – im Gegenteil, Kritik ist im Allgemeinen sogar wichtig. Kritik sorgt schließlich dafür, dass man zum Nachdenken angeregt wird, eigene Handlungen oder auch Meinungen, die man sich über andere gebildet hat, überdenkt, und es alles in allem dadurch zu Fortschritt und Weiterentwicklung kommt. Ohne Kritik wäre dies gar nicht möglich – denn dann würden sich schließlich immer alle einig sein. Positives Feedback bestätigt jedoch eher das bereits Erreichte und sorgt selten für Veränderung, auch wenn diese hin und wieder notwendig ist. Behalten Sie dies im Hinterkopf und ärgern Sie sich nicht mehr über jede Kritik an sich. Übrigens heißt das natürlich nicht, dass jede Kritik durch und durch dafür sorgen soll, dass sich alles zum Besseren verändert – was *besser* ist, kann schließlich auch sehr subjektiv sein. Aber es kann dennoch hilfreich sein, sich im Hinterkopf darüber im

Klaren zu sein, dass Kritik grundsätzlich nichts Schlechtes und Gemeines ist.

Manchmal wird Kritik natürlich dennoch dazu benutzt, sich selbst zu profilieren – dies kann man häufig bei Politikern in Talkshows und sogenannten Schlagabtausch-Runden sehen. Kritik an den anderen wird dazu gebraucht, die eigene Meinung und die eigene Partei – gerade in Wahlkampfzeiten – besser dastehen zu lassen. Lernen Sie daher im nächsten Schritt, wie Sie Kritik richtig einordnen und den Sinn und Zweck dahinter erkennen.

Kritik richtig einordnen

Zunächst sollten Sie beim Erhalten von Kritik wissen, wie Sie diese einzuordnen haben. Stellen Sie sich dazu ganz einfach verschiedene Frage über die Person, die die Kritik geübt hat, und das Motiv hinter der Kritik.

Woher kommt die Kritik, die Sie erhalten haben? Handelt es sich um neutrale Kritiker oder kennen Sie die Leute persönlich? Haben Sie womöglich eine befangene Meinung, und haben private Befindlichkeiten vielleicht in die Kritik mit hineingespielt? Oder können Sie dies ausschließen? Sind die Kritiker Experten auf diesem Gebiet oder haben sie selbst nicht besonders viel Wissen auf dem Gebiet?

All diese Fragen zur Person helfen Ihnen, die Kritik richtig einordnen zu können. Natürlich heißt das nicht, dass Sie jede Kritik, die Ihnen nicht gefällt, damit zurückschmettern sollten, dass der Kritiker Sie schlichtweg nicht mochte. Aber es bedeutet, dass es durchaus einen Unterschied machen kann, ob die Kritik von Ihrem besten Freund, einem ungeliebten Kollegen oder einem völlig Fremden kommt. So kann natürlich auch der beste Freund positiv vorurteilsbehaftet sein und Kritik fällt vielleicht sogar schwächer aus, als sie gerechtfertigt wäre. Auch ob derjenige sich auf dem Gebiet gut auskennt, kann einen erheblichen Unterschied machen.

Wenn Sie z.B. ein Musikstück auf dem Klavier spielen, dann wird ein Freund oder Bekannter dies vielleicht als gut empfinden, während ein erfahrener Musiklehrer noch zahlreiche falsche Töne heraushören kann. Ein Laie wird einen Text, der in juristischer Fachsprache verfasst wurde, womöglich als viel zu kompliziert und unverständlich empfinden und Ihnen viel Kritik geben, während ein Anwalt den Text vielleicht sehr gelungen findet. Wenn Sie einen Leserbrief zu einem Umweltthema schreiben, findet ihn ein Laie vielleicht sehr interessant und jemand, der sich professionell damit beschäftigt, noch ein wenig oberflächlich. Sie verstehen also – es kann, je nachdem wie die Kritik aussieht, einen erheblichen Unterschied machen. Das heißt natürlich auch nicht, dass die Kritik eines Laien in jedem Fall unbedeutend ist. Wenn Sie etwa einen Text über ein juristisches Thema verfassen, dass eine bestimmte Situation für jedermann verständlich erklären soll, dann ist das Feedback des Laien vielleicht sogar wichtiger, als das des Anwalts. Denn der Laie gehört zu den potenziellen Lesern, während dem Anwalt das Thema womöglich ohnehin bekannt war und er das Papier nur überfliegen musste. Fragen Sie sich daher in diesem Zusammenhang auch stets: *Gehört der Kritiker zur Zielgruppe?*

Und schließlich sollten Sie auch die Motive der Kritiker hinterfragen. Möchten die Kritiker Ihnen damit wirklich nur etwas Negatives sagen, schlichtweg um Sie herunter zu machen oder wollen sie womöglich sogar etwas Gutes tun. Kritik kann schließlich häufig nur deshalb gegeben werden, weil die Kritiker Ihnen einen Gefallen tun möchten – ein ehrliches Feedback, damit Sie danach besser weiterarbeiten können, sich verbessern können oder auch nur, damit Sie sich nicht mit einer schlechten Arbeit blamieren – versuchen Sie also diese Gedanken miteinzubeziehen, bevor Sie sich mit negativen Emotionen überladen. Kritiker sind Ihnen nicht immer negativ gesonnen. Ganz einfach können Sie dies auch an eigenen Überlegungen über Ihre potenzielle Reaktion feststellen.

Ein Beispiel: Ein Freund fragt Sie nach einer ehrlichen Meinung zu einem Pullover, den Sie als sehr unvorteilhaft empfinden. Sie antworten ehrlich, dass Sie nicht finden, dass der Pullover das Beste aus Ihrem Freund rausholt. Warum Sie das sagen? Einfach, weil der Freund Sie um Ihre ehrliche Meinung gebeten hat. Oder weil Sie generell ehrlich zu Ihren Freunden sind. Und weil Sie schließlich auch nicht möchten, dass Ihr Freund einen Pullover kauft oder trägt, der ihn unvorteilhaft aussehen lässt. Ihr Freund kann die Kritik nun in zweierlei Hinsicht aufnehmen: Er kann dankbar für die ehrliche Antwort sein oder er ist beleidigt und empfindet Ihre Reaktion als gemein.

Ein zweites Beispiel: Ihre Arbeitskollegin hält vor versammelter Abteilung eine Präsentation. Die Präsentation war inhaltlich gut, doch die Kollegin hat leider sehr schnell gesprochen, sodass man manchmal Schwierigkeiten hatte, allen Details zu folgen. Am Ende der Präsentation gehen Sie auf Ihre Kollegin zu und sagen ihr, dass die Präsentation inhaltlich zwar gelungen war, Sie jedoch aufgrund des schnellen Redens leider Schwierigkeiten hatten, komplett zu folgen. Mit welcher Intention machen Sie dies? Vermutlich nur, weil Sie der Kollegin anraten möchten, darauf bei der nächsten Präsentation zu achten. Damit ihre Präsentationen noch besser werden und auch damit die anderen Kollegen, Sie eingeschlossen, auch den größtmöglichen Gewinn aus der Präsentation ziehen. Auch hier kann die Kollegin nun dankbar für die ehrliche Kritik sein oder aber Ihr Verhalten unangemessen und gemein finden.

Was denken Sie über beide Situationen? Sind Sie gemein und verhalten Sie sich unangemessen? Oder haben Sie nur versucht, den anderen zu helfen? Richtig. Sie sehen schon, Kritik ist oftmals gar nicht so gemeint, wie wir sie als erstes aufnehmen.

Übrigens wird der Freund sich vielleicht trotzdem für den Pullover entscheiden, wenn er ihm wirklich gefällt – Geschmäcker sind schließlich sehr verschieden. Das ist schließlich auch vollkommen in Ordnung – nur weil Sie den Pullover unvorteilhaft empfinden finden, heißt das ja nicht, dass das jeder so sieht. Womöglich mag der Freund den Pullover ja sogar sehr. Vielleicht gefällt er auch der Lebensgefährtin sehr. Daher können Sie sich ruhig auch jedes Mal dazu sagen, wenn Sie eine derartige Kritik erhalten, dass die persönliche Meinung *einer* anderen Person auch nicht zu viel Gewicht haben sollte. Warum sollte schließlich die Meinung eines anderen Menschen mehr gewichten als Ihre eigene?

Und sollten Sie feststellen, dass die Kritik eher inhaltslos und nur schlecht gemeint war, dann brauchen Sie sich gar nicht mehr lange damit beschäftigen. Aber wenn Sie eigentlich gut oder hilfreich gemeint war, dann können Sie damit wunderbar arbeiten und sogar noch viel daraus ziehen, um in der Zukunft noch erfolgreicher zu werden. Daher ist auch die Frage *Wie ist die Kritik gemeint?* sehr wichtig.

Kritik richtig einzuordnen, kann ein bisschen dauern und oftmals muss man sich selbst immer wieder daran erinnern, dass Sie dies tun müssen – seien Sie also nicht frustriert, wenn es Sie ein wenig Zeit kostet, das zu lernen, oder wenn Sie immer noch häufig mit einer negativen Emotion reagieren, sobald Sie Kritik erhalten. Es ist ein Prozess, der sich aber mit der Zeit verbessern und auszahlen wird.

Kritik analysieren

Nachdem Sie die erhaltene Kritik eingeordnet haben, sollten Sie sie auch richtig analysieren. Das hilft Ihnen beim Verarbeiten ungemein weiter. Das bedeutet, Sie schreiben am besten auf, was man Ihnen als Kritik entgegen gebracht hat und reflektieren nun die Situation und Ihr Verhalten. War Ihre Rede wirklich nicht so gelungen? Sind die Einwände berechtigt? Oder haben Sie Argumente, die durchaus gegen die Kritik und für den von Ihnen gewählten Weg sprechen?

Ist die Kritik vielleicht objektiv berechtigt, aber eigentlich auch nicht wichtig, weil es niemanden angeht außer Sie selbst? Das kann z.B. der Fall sein, wenn jemand Ihr Outfit bei einer Verabredung bemängelt. Schadet es Ihrem Gegenüber, wenn Sie in Jogginghose erschienen sind?

Wohl kaum. Möglicherweise gucken ein paar Außenstehende seltsam, aber das ist im Prinzip voll und ganz Ihr Problem. Nehmen Sie sich aber dennoch in Ruhe Zeit, die Kritik wirklich ins Detail zu beleuchten und zu überdenken. Das gleiche Feedback kann nämlich situationsgebunden auch von unterschiedlicher Gewichtung sein. Schadet es Ihrem Kumpel, wenn Sie in Joggingklamotten zum Kaffeetrinken erschienen sind? Nein. Zieht daraus sonst jemand einen Schaden? Auch nicht. Und wenn jemand Sie deshalb anstarrt, Ihnen die Meinung der anderen aber egal ist, weil Sie sich nun mal darin wohlfühlen, dann ist das Ganze objektiv betrachtet vielleicht durchaus berechtigte Kritik (Joggingklamotten sind für viele Leute nicht unbedingt die besten Ausgehsachen), aber im Endeffekt auch niemandes Angelegenheit.

Kommen Sie stattdessen in Jogginghose zum Theaterbesuch, kann man durchaus darüber streiten, ob das nicht ein wenig respektlos herüberkommt. Oder haben Sie gar Ihre Firma bei einem wichtigen Meeting in einem Jogginganzug vertreten? Das kann der Außenwirkung der gesamten Firma tatsächlich schaden. Sie sehen also: Die Kritik genau zu analysieren, kann einen bedeutenden Unterschied machen.

Ergebnisse bilden und daraus lernen

Nun haben Sie die Kritik bereits versucht, richtig einzuordnen und zu analysieren, und haben ein besseres Bild von dem, was eigentlich dahinter steckt. Nun heißt es: Bilden Sie ein Ergebnis für sich und lernen Sie daraus. Wenn Sie Kritik erhalten haben, die durchaus Ihre Berechtigung hat, dann kann Sie das motivieren, das nächste Mal etwas aufmerksamer mit diesem Thema umzugehen und die gleichen Fehler nicht zu wiederholen. Es kann Sie dazu bringen, Dinge neu zu betrachten, zu verändern und detaillierter oder verantwortungsbewusster zu arbeiten. Notieren Sie sich, was an der Kritik hilfreich war und wie Sie diese Teile umsetzen können. Und dann machen Sie weiter!

Wenn Sie jedoch feststellen mussten, dass die Kritik in keiner Weise hilfreich war, und Sie leider keine positiven Ergebnisse daraus entnehmen konnten, dann geht es darum, diese Kritik dennoch gut zu verarbeiten, und danach positiv weiterzumachen. Das bedeutet, dass Sie die Kritik nicht zu nah an sich ranlassen sollten und Kritik an Ihrer Arbeit nicht mit Kritik an Ihrer Person gleichsetzen sollten. Auch dies ist natürlich leichter gesagt, als getan, doch ein paar kleine Tipps gibt es, die Sie immer wieder befolgen sollten, um dem Ganzen einen Schritt näher zu kommen. Erinnern Sie sich stets daran und versuchen Sie so oft wie möglich, diese Gedankengänge umzusetzen, sodass Sie Kritik nicht mehr daran hindert, weiterzumachen. Aus sinnvoller und konstruktiver Kritik können Sie schließlich nur lernen – und alles andere braucht Sie nicht länger zu beschäftigen.

SELBSTVERTRAUEN VERBESSERN – SCHRITT FÜR SCHRITT VORAN!

Kommen Sie nun zu dem wichtigsten und spannendsten Teil dieses Buches – den Praxisübungen! Lernen Sie Schritt für Schritt, an Ihrem Selbstvertrauen im Alltag zu arbeiten. Am Anfang bringen wir Ihnen die wichtigsten Grundsätze bei, und im Anschluss finden Sie natürlich eine Reihe von Alltagstipps, die Sie gezielt anwenden können, um täglich weiterzuarbeiten, und Ihr Selbstvertrauen zu verbessern und aufrecht zu erhalten. Los geht's!

Raus aus der Komfortzone

Raus aus der Komfortzone ist wohl der wichtigste, wenn auch einer der schwierigsten Schritte, die Sie gehen sollten, um mehr Selbstvertrauen zu erlangen. Denn in Ihrer Komfortzone fühlen Sie sich wohl – deshalb heißt sie ja auch so. Ihre Komfortzone kennen Sie, Sie wissen, wie die Abläufe sind, wie Sie sich verhalten sollen, und häufig auch, wie Ihr Umfeld reagiert. Diese sogenannte Komfortzone ist natürlich etwas sehr

Individuelles – das kann generell Ihr Umfeld beschreiben, die Leute, die Sie umgeben, oder bestimmte Routinen und Verhaltensweisen. Aber diese Komfortzone hin und wieder zu durchbrechen, ist wichtig, um Ihr Selbstvertrauen zu stärken. Wie genau Sie das im Alltag machen, wird Ihnen im nächsten Kapitel noch besser erklärt. Grundsätzlich sollten Sie aber schon verinnerlichen, dass es viele kleine Mittel und Wege gibt, die Komfortzone zu durchbrechen. Sie können natürlich, wenn Sie möchten, auch einfach mal komplett ins kalte Wasser springen. Für manche Leute ist das ein effektiver Weg. Aber es geht auch in kleineren Schritten, keine Sorge!

Der richtige Umgang mit Ängsten

Viele Menschen leiden unter zahlreichen Ängsten und Unsicherheiten – daraus kann ebenfalls ein niedriges Selbstvertrauen resultieren. Und ein niedriges Selbstvertrauen wiederum kann bereits vorhandene Ängste und Unsicherheiten leider auch wieder verstärken. So leicht befindet man sich in einem kleinen Teufelskreis, den man leider nicht allzu leicht durchbrechen kann. Doch es gibt Mittel und Wege, die Sie einschlagen können, um zu lernen, wie Sie mit Ihren Ängsten richtig umgehen.

Im Praxisteil dieses Buches finden Sie z.B. eine Reihe von Übungen, mit denen Sie Ihr Selbstvertrauen generell stärken können und so unangenehme Situationen langfristig zur Seltenheit machen. Ängste zu überwinden, geschieht nicht von jetzt auf gleich, aber Sie können gezielt an ihnen arbeiten. Probieren Sie, sich Ihren Ängsten zu stellen. Das muss nicht in enormen Ausmaßen sein, aber schon kleine Überwindungen können ungeahnte große Wirkungen entfalten. Wenn Sie z.B. merken, dass es gar nicht weh tut, einen fremden Menschen anzusprechen, wird es Ihnen leichter fallen, dass zu wiederholen. Wenn Sie erkennen, dass Sie auch in Ihrem Wohnzimmer vor dem Sturm sicher sind, dann hilft Ihnen das vielleicht in Zukunft. Sie müssen deshalb nicht durch den Garten tanzen – aber anstatt sich unter der Decke zu verkriechen, könnten

Sie sich ja auf dem Sofa einkuscheln und ein Buch lesen. Wenn Sie sich vor Spinnen gruseln, könnten Sie in einem Zoo oder auch nur in einem Video oder Buch mal ein paar große Spinnen anschauen und sich langsam an den Anblick gewöhnen, usw.

Wenn Konfrontation nichts für Sie ist, können Sie sich auch Unterstützung suchen. Mit einem Freund an der Seite fallen Ihnen die Situationen vielleicht leichter.

Atemübungen oder andere beruhigende Maßnahmen können Ihnen ebenfalls helfen, den Stress aus einer Situation zu nehmen. Wenn Sie Ihre Angst eingeordnet haben, können Sie sich auch einmal ganz genau überlegen, *was* Ihnen Angst macht. Wenn Sie z.B. Angst haben, auf Leute zuzugehen – haben Sie Angst, etwas Peinliches zu sagen? Ein *Nein* als Antwort zu erhalten? Ist es der generelle soziale Kontakt, der Sie überfordert? Oft hilft es schon, die Angst zu lokalisieren, um zu merken, dass die Situation nur halb so schlimm ist. Nur zu, versuchen Sie es und bleiben Sie tapfer am Ball!

Wenn Sie jedoch merken, dass Ihre Ängste ein Ausmaß erreichen, das Ihnen den Alltag deutlich erschwert, und Sie alleine nicht daran arbeiten können, dann sollten Sie in Erwägung ziehen, sich professionell helfen zu lassen. Viele Menschen lassen sich heutzutage von Therapeuten helfen, wenn Sie stark ausgeprägte Ängste haben. Solche Ängste können nicht nur hinderlich, sondern lähmend und ungesund sein, und es ist keine Schande, sich professionelle Unterstützung zu suchen.

Soziale Kompetenz ausbauen und das soziale Netz nutzen

Wer ein hohes Selbstvertrauen hat, hat häufig auch ein großes soziales Netzwerk. Und wer ein großes und gut ausgebautes, starkes soziales Netz hat, der fühlt sich oft selbstbewusster und mutiger. Auch hier sehen Sie wieder, wie sehr Selbstvertrauen bestimmte Dinge Ihres Alltags beeinflusst und ebenso dadurch beeinflusst wird. Wenn Sie also mehr

Selbstvertrauen erlangen möchten, ist eine der besten Möglichkeiten, Ihr soziales Netz mit einzubinden und soziale Kompetenzen zu erlernen, zu verstärken und einzusetzen. Umgeben Sie sich besonders mit den Menschen in Ihrem Umfeld, die eine positive Ausstrahlung haben. Erstens werden Sie dadurch wahrscheinlich von sehr selbstbewussten Menschen umgeben sein, von denen Sie etwas lernen können, und zweitens können Sie sich so vor Negativ-Machern schützen. Womöglich lernen Sie durch diese Leute auch häufiger andere Menschen kennen und können Ihr soziales Netzwerk damit weiter ausbauen. Nutzen Sie solche Gelegenheiten sowohl bei der Arbeit als auch im Privatleben. Und fragen Sie diese inspirierenden Leute auch gerne gezielt nach ihrer Meinung oder bitten Sie sie um Hilfe bei Ihrem Vorhaben. Mit motivierender Unterstützung wird es sicherlich noch leichter!

Zeit nehmen

Dies ist der wohl wichtigste Praxistipp. Geben Sie sich Zeit! Der Weg, größeres Selbstvertrauen zu erlangen, ist kein einfacher und ganz sicher kein schneller. Geben Sie sich Zeit, um all die Schritte nach und nach zu verwirklichen. Geben Sie sich Zeit, das Gelernte richtig zu verarbeiten und sich in Ruhe Gedanken zu machen. Geben Sie sich Zeit, die Praktiken immer und immer wieder zu wiederholen. Das alles kann eine Weile dauern. Aber das macht gar nichts – im Gegenteil, es ist sogar sehr normal. Je mehr Zeit Sie sich geben, und je öfter Sie die Dinge wiederholen – in Gedanken, wie auch in der Praxis – desto besser wird Ihr Selbstvertrauen und desto mehr verinnerlichen Sie die verschiedenen Punkte. Für viele ist dies ein lebenslanger Prozess. Aber auch diese Menschen bemerken eine Verbesserung. Jeder Mensch ist unterschiedlich und es hängt von vielen Faktoren ab, wie Sie die Änderungen annehmen und umsetzen. In jedem Fall ist es jedoch wichtig, sich schlichtweg nicht unter Druck zu setzen. Sie tun dies für sich selbst und Sie sollten gut zu sich sein, sollten kleine Erfolge würdigen und keinen Stress empfinden, wenn

Sie mal wieder einen *Rückfall* erleben. Wenn Sie Kritik einmal doch zu nah an sich heranlassen, bestrafen Sie sich nicht dafür und machen Sie sich das Leben nicht zu schwer. Sie sind schon auf dem besten Weg!

PRAXISTIPPS RUND UM DEN ALLTAG – VIELE PRAKTISCHE IDEEN UND METHODEN UM IHR SELBSTVERTRAUEN ZU VERBESSERN

Hier finden Sie nun die besten Praxistipp für den Alltag – zahlreiche kleine Tricks um Ihr Selbstvertrauen mit täglichen Schritten zu verbessern und zu stärken. Die meisten davon sind sehr leicht bei allen möglichen alltäglichen Gelegenheiten umzusetzen. Probieren Sie diese Tricks aus, wenden Sie sie regelmäßig an und stärken Sie Ihr Selbstvertrauen dadurch in regelmäßigen Schritten. Sie werden sehen, es gibt eine Reihe Anregungen, Denkübungen, Mantras und weitere Tipps, um langsam, aber sicher, selbstbewusster zu werden.

Arbeiten Sie an Ihrer Körperhaltung

Wer eine selbstsichere Körperhaltung hat, der wirkt nicht nur auf andere selbstbewusst, sondern fühlt sich häufig auch stärker. Versuchen Sie also langfristig an Ihrer Körperhaltung zu arbeiten: Gerader Rücken, aufrechter Kopf, entspannte Schultern und ein fester Schritt. Die Hände sollten nicht in den Taschen versteckt sein, die Arme nicht verschränkt, sondern lieber locker auf Armlehnen gelegt oder entspannt am Körper entlang gleiten. Das ist alles gar nicht so einfach, wenn man keine Übung darin hat. Daher sollten Sie dies regelmäßig trainieren. Üben Sie z.B. den geraden Stand und Gang mit einem aufgerollten Handtuch auf dem Kopf. Wenn Sie das balancieren können, ohne dass es herunter fällt, dann versuchen Sie es mit einem Buch. Je öfter und regelmäßiger Sie diese Übung durchführen, desto besser wird Ihre Haltung. Sie werden sich größer und sicherer fühlen.

Überprüfen Sie Ihre Körperhaltung auch zwischendurch. Wenn Sie z.B. an einem Spiegel oder Schaufenster vorbei gehen, können Sie einen kurzen Blick auf Ihr Spiegelbild werfen und überprüfen, ob Sie sich noch gerade halten oder vielleicht sogar etwas zu steif aussehen. Korrigieren Sie Ihre Haltung, wenn Sie nicht ordentlich ist.

Augenkontakt

Augenkontakt ist wichtig, um Selbstbewusstsein gegenüber anderen Menschen auszustrahlen. Das anzuwenden, ohne sich dabei unsicher zu fühlen, oder auch zu aufdringlich zu starren, ist eine der schwierigsten Übungen. Wenn wir uns unsicher fühlen, ist kaum etwas so schwierig wie Augenkontakt. Üben Sie diesen daher regelmäßig. Je einfacher dies wird, desto natürlicher fühlt es sich an und desto sicherer werden Sie. Schauen Sie sich selbst im Spiegel in die Augen oder üben Sie es zunächst in Gesprächen mit Freunden. Probieren Sie es bei kurzen Interaktionen aus – etwa beim Bezahlen an der Supermarktkasse, beim Einsteigen in den Bus, beim flüchtigen Grüßen auf der Straße oder bei der Bestellung im Restaurant. Bei kurzen Begegnungen brauchen Sie den Augenkontakt nur einen kleinen Augenblick zu halten, doch wenn Sie dies regelmäßig tun, dann hilft Ihnen dies, sich daran zu gewöhnen. Irgendwann wird es Ihnen auch bei längeren Gesprächen mit Kollegen, Ihrem Chef oder sogar Fremden leichter fallen. Nur Mut!

Bedeutungsvolle Aufgaben

Wenn Sie Aufgaben erledigen, die Bedeutung für andere Menschen oder die Allgemeinheit haben, dann werden Sie sich schnell gut und wertvoll fühlen. Das hilft Ihnen enorm, ein größeres Selbstvertrauen zu erlangen, denn Sie steigern das positive Bildnis von sich selbst. Das Gefühl, einen Unterschied im Leben anderer zu machen, ist unvergleichbar gut. Dabei ist es beinahe egal, welche Art von Aufgabe dies ist – suchen Sie sich etwas, das Sie als bedeutungsvoll erachten und das Ihnen Freude macht.

Das kann die Erziehung Ihrer eigenen Kinder sein – sagen Sie sich in dem Fall, wie bedeutungsvoll das ist! Es kann auch Ihr Beruf sein, eine ehrenamtliche Tätigkeit oder eine Spende bzw. regelmäßige Spenden. Eine Patenschaft für ein Tier, ein Kind oder ein Gebiet im Regenwald kann Ihnen ebenso ein gutes Gefühl vermitteln. Vielleicht möchten Sie aber auch schon lange einen Blog über ein wichtiges Thema starten oder auch über ein interessantes Hobby? Auch dies sind bedeutungsvolle Aufgaben, denn sie erfüllen damit Informationsfunktionen. Menschen werden Ihren Blog vielleicht als hilfreich empfinden und sich sogar bei Ihnen bedanken. Sie werden staunen, was diese Momente für Ihr Selbstvertrauen tun können!

Raus aus der Komfortzone

Es wurde zuvor bereits erwähnt: Erfolge kommen selten aus Ihrer Wohlfühlzone. Trauen Sie sich daher und versuchen Sie immer öfter aus Ihrer Komfortzone herauszukommen. Wo Ihre Komfortzone liegt, wissen Sie selbst am besten. Sie ist überall da, wo Sie sich wohl fühlen. Alles, was Sie mit links erledigen, was Ihnen keine Sorgen bereitet, was Ihnen leicht fällt – von der eigentlichen Arbeit her und vor allem vom Gefühl, das Sie dabei haben. Das ist Ihre Komfortzone. Dort finden Sie sich zwar leicht zurecht, werden aber sicherlich keine größeren Fortschritte bzgl. Ihres Selbstvertrauens erzielen. Denn dort kennen Sie sich ja bereits aus, da gibt es nicht mehr viel zu arbeiten, oder viel an Unsicherheiten zu begraben. Das Beste an Komfortzonen ist jedoch: Je öfter und weiter Sie sich hinaus trauen, desto mehr erweitert sich auch die Zone selbst! Denn mit regelmäßigen Übungen werden Ihnen gewisse Dinge, die für Sie vorher stressig waren und in denen Sie sich unsicher fühlten, viel leichter fallen. Bis sie schließlich gar kein Problem mehr darstellen. Und schon sind diese Teil der neuen Komfortzone.

Ihre Komfortzone lässt sich am besten in kleinen Schritten erweitern. Wenn Sie Höhenangst haben, dann brauchen Sie nicht gleich einen

Bungeesprung wagen. Wenn Sie sich in Ihrem Körper nicht wohl fühlen, müssen Sie nicht direkt für einen Marathon trainieren. Und wenn Sie unsicher in größeren Menschengruppen sind, dann brauchen Sie nicht gleich eine Hausparty stürmen und den Entertainer spielen. Aber Sie können z.B. mal bei einem Freund auf dem Balkon stehen und gezielt umher und vielleicht sogar hinunter schauen. Sobald Sie das gelernt haben, können Sie sich im Urlaub vielleicht mal auf eine Aussichtsplattform trauen usw. Sie können täglich morgens oder abends versuchen, 10 Minuten lang ein wenig Stretching, Yoga oder Muskeltraining einzubauen oder die Mittagspause für einen Spaziergang nutzen.

Je öfter und regelmäßiger Sie Bewegung in Ihren Alltag einbauen, desto leichter wird es Ihnen irgendwann fallen, gezielter zu trainieren. Und Sie können einfach mal im Bus versuchen, Smalltalk mit Ihrem Sitznachbarn zu führen. Oder auf der Geburtstagsfeier eines Freundes zumindest mit einer Person zu sprechen, die Sie noch nicht vorher kannten – auch wenn Sie nur zwei, drei Sätze wechseln, so etwas übt ungemein. Sobald Sie kleine Schritte gelernt haben und sich damit wohler und sicherer fühlen, können Sie sich an den nächsten Schritt wagen. Und machen Sie sich keinen Stress, wenn Ihre Schritte wirklich klein sind – das ist vollkommen in Ordnung. Erinnern Sie sich regelmäßig an Ihre Erfolge oder führen Sie sogar ein Komfortzonen-Tagebuch, indem Sie Ihre Schritte notieren. Schreiben Sie auch auf, wie Sie sich unmittelbar davor, in der Situation und danach gefühlt haben. Nach einiger Zeit werden Sie erstaunt sein, wie leicht Ihnen Dinge fallen, die Sie früher so stressig fanden.

Umgeben Sie sich mit einem starken Umfeld

Ihr Umfeld kann Sie sehr entscheidend beeinflussen, das wissen Sie bereits. Nutzen Sie dies gezielt, um Ihr eigenes Selbstvertrauen zu stärken! Versuchen Sie sich, wann immer es möglich ist, gezielt mit positiven und bestärkenden Menschen zu umgeben. Nicht nur, dass diese Sie unbewusst womöglich beeinflussen werden, aber Sie werden auch Ihre kleinen Erfolge mit Ihnen feiern, Sie motivieren, weiterzumachen, und Sie unterstützen. Wenn Sie ein gutes soziales Umfeld haben, dann fühlen Sie sich sicherer und stärker – nutzen Sie das, um vor stressigen Situationen gezielt nochmal ein positives Gefühl zu erhalten. Gehen Sie z.B. mit einem guten Freund vor einer Präsentation einen Kaffee trinken oder telefonieren Sie vor einem Date nochmal kurz, gehen Sie das Outfit oder die Location durch, etc.

Seien Sie gut zu sich selbst!

Tun Sie sich selbst etwas Gutes, wird das Ihr positives Selbstbild stärken und Ihnen helfen, sich gut und gesund zu fühlen. Das kann alles sein, was immer Ihnen guttut. Sie haben das Bedürfnis nach einem ruhigen Abend mit einem guten Buch? Gönnen Sie sich den und sagen Sie andere Verabredungen ab. Sie sehnen sich nach einem ausgiebigen Bad? Kaufen Sie sich eine Badebombe und ab ins Wasser. Zünden Sie Räucherstäbchen und eine Kerze an, besorgen Sie sich Ihr Lieblingsessen, tanzen Sie durch die Küche, legen Sie sich eine Stunde in die Sonne, schlafen Sie aus und loben Sie sich selbst – was immer Ihnen guttut, ist erlaubt. Versuchen Sie solche Kleinigkeiten verstärkt in Ihr Leben einzubauen. Jeden Tag eine Kleinigkeit nur für sich selbst wirkt wahre Wunder.

Die Macht der Komplimente

Machen Sie sich selbst Komplimente – am besten jeden Tag eins! Klingt seltsam für sie? Ist aber wirklich sehr effektiv. Sagen Sie sich jeden Morgen nach dem Aufstehen etwas Nettes in den Spiegel. Das kann etwas Gutes über Ihren Charakter sein, ein Lob für etwas, das Sie gerade erreicht haben oder auch schlichtweg ein Kompliment über Ihr Aussehen. Ganz egal, Hauptsache, es freut Sie. Sie werden sich sofort wohler fühlen und wenn Sie das regelmäßig machen, dann werden Sie auf Dauer Ihr Selbstwertgefühl ziemlich stärken.

Lächeln – ein magisches Werkzeug

Lächeln Sie – lächeln Sie sich selbst an oder andere oder einfach so durch die Gegend. Auch wenn Sie sich gar nicht über etwas freuen, die Kraft des Lächelns ist erstaunlich. Es strahlt anderen gegenüber Zufriedenheit und Selbstvertrauen aus, und wenn Sie in den Spiegel schauen, signalisiert es auch Ihrem Körper: Sie sind glücklich. Das stärkt enorm.

Nein – ein Wort, das Sie womöglich öfter benutzen sollten

Nein zu sagen, ist keine Schande. Viele Menschen können nicht besonders gut mit *Nein* antworten, weil sie fürchten, dass man Sie ablehnen wird oder andere Menschen enttäuscht sind. Gehören Sie auch dazu? Lassen Sie sich nicht zu sehr unter Druck setzen. Jeder Mensch verdient seine Pausen und sollte ehrlich zu sich selbst und zu anderen sein. Fühlen Sie sich einer Aufgabe nicht gewachsen, haben Sie keine Zeit oder möchten einfach nicht schon wieder Ihre ganze Freizeit damit verbringen, etwas für andere zu erledigen? Ruhepause sind wichtig, also lernen Sie, nein zu sagen, wenn Sie eine Auszeit brauchen.

Das ist vollkommen normal und verständlich. Erklären Sie dies Ihrem Gegenüber auch ruhig offen. Sagen Sie, dass Sie einfach eine Pause für sich brauchen oder die Aufgabe für Sie auch sehr schwierig sein wird. Machen Sie das deutlich. Bleiben Sie dabei freundlich, aber bestimmt und lassen Sie sich nicht überreden, es doch zu tun. Sie verdienen Ihre Pause! Lassen Sie sich auch nicht zu etwas überreden, was Sie schlichtweg nicht möchten. Der nette Kollege möchte mit Ihnen auf ein Date gehen, doch Sie möchten Arbeit und Privatleben trennen?

Das ist Ihr gutes Recht und Sie sollten ihm das auch klarmachen, damit er aufhört, Sie zu nerven. Alle Ihre Freunde möchten am Samstagabend in den Club gehen, doch Sie genießen laute Abende und schwitzende Massen überhaupt nicht? Dann bleiben Sie zuhause. Sobald Sie das Nein-Sagen ein paar Mal geübt und verinnerlicht haben, wird es

Ihnen viel leichter fallen. Und lassen Sie sich kein schlechtes Gewissen einreden. Es ist vollkommen okay, sogar sehr gut, wenn Sie nein sagen können.

Geduld ist das Zauberwort

Bleiben Sie mit sich selbst geduldig. Setzen Sie sich nicht unter Druck, von heute auf morgen unglaublich selbstbewusst sein zu müssen, und versuchen Sie nicht, zwanghaft alle Ihre Gewohnheiten direkt umzukrempeln. Seien Sie geduldig mit sich, geben Sie sich Zeit und strafen Sie sich nicht in Gedanken dafür, dass etwas nicht geklappt hat. Aller Anfang ist schwer und gut Ding will Weile haben. Diese Sätze sollten Sie verinnerlichen, so lustig es vielleicht auch klingen mag. Es ist darin viel Wahrheitsgehalt enthalten!

Projekte suchen und beenden

Kleine private Projekte können unglaublich viel Spaß machen und das Gefühl, eines davon zu beenden, ist unglaublich gut. Es gibt bestimmt das eine oder andere, was Sie schon lange einmal anfangen wollten – ein eigener Blog, einen Kräutergarten anlegen, ein Handwerksprojekt, den Kleiderschrank ausmisten... Ihr Projekt kann noch so klein sein, solange es Ihnen etwas bedeutet, werden Sie sich am Ende des Projekts gut fühlen. Sie werden merken, dass Sie Dinge anpacken und beenden können und das stärkt das Selbstvertrauen enorm.

Die erste Reihe

Setzen Sie sich gezielt in die erste Reihe. Bei einer Aufführung, einer Arbeitsveranstaltung, einer Vorlesung, Besprechung, usw. Das mag sich anfangs etwas seltsam anfühlen, ist aber erstaunlich effektiv, um Hemmungsgefühle zu überwinden. Sie müssen sich nicht mehr hinten verstecken!

Smalltalk

Smalltalk, insbesondere mit fremden Menschen, kann ebenfalls eine wunderbare Alltagsübung sein, um langsam Ihr Selbstvertrauen zu stärken. Fragen Sie z.B. einen Fremden an der Bushaltestelle nach der Uhrzeit oder auf den Straßen nach dem Weg. Plaudern Sie einen kurzen Augenblick lang mit dem Obsthändler auf dem Wochenmarkt oder fragen Sie in einem Supermarkt einen Mitarbeiter, wo ein bestimmtes Produkt ist. Fragen Sie in einem Klamottengeschäft, ob es ein Kleidungsstück auch in einer anderen Farbe oder Größe gibt. Bestellen Sie in Ihrem lokalen Buchladen ein Buch, was Sie vor Ort nicht finden können, über die dortigen Verkäufer – damit tun Sie gleichzeitig sogar etwas Gutes für die lokalen Geschäfte.

Stecken Sie sich kleine Ziele – z.B. einen Monat lang jeden Tag einmal einen anderen Menschen nach der Uhrzeit zu fragen oder zwanzig Mal einen Menschen nach dem Weg zu fragen. Wenn Sie das Ziel erreicht haben oder es zu einfach wird, dann fangen Sie mit größeren Schritten an. Plaudern Sie mit Fremden über das Wetter oder machen Sie Ihnen Komplimente – Ihre Mitmenschen werden sich sicherlich sogar darüber freuen. Sätze wie *„Sie haben aber schöne Schuhe!"* oder *„Das war der freundlichste Service, den ich hier je bekommen habe, vielen Dank!"* werden nicht nur Ihren Umgang mit Menschen und Ihr Selbstvertrauen verbessern, sondern bestimmt auch Ihrem Gegenüber den Tag versüßen. Irgendwann können Sie dann auch längere Gespräche führen.

Fragen Sie nach einem Date

Wenn Sie schüchtern beim Daten sind, können Sie auch hier schrittweise mehr Selbstsicherheit erlangen. Wenn das Ansprechen einer anderen Person in einer Bar oder auf der Straße für Sie noch zu schwierig erscheint, können Sie sich zu Beginn auf einer Online-Plattform anmelden. Setzen Sie sich auch hier ein bestimmtes Ziel – zum Beispiel 15 – und schreiben Sie dann so viele Leute an. Dabei können Sie verschiedene Methoden ausprobieren. Ein einfaches *Hallo* oder ein Kompliment, ein witziger Spruch, oder Sie gehen direkt auf das Profil der anderen Person ein. Sie werden sich bestimmt freuen und gestärkt fühlen, wenn Sie eine nette Antwort erhalten. Und wenn die Reaktion nicht die erhoffte ist, dann können Sie sich zumindest dafür auf die Schulter klopfen, dass Sie sich überwunden haben. Nachdem das funktioniert, können Sie ein paar Leute nach einem Date fragen. Und sobald Sie das online gemacht haben, sollten Sie es dann in der realen Welt versuchen! Nur Mut!

Übrigens: Auch auf Dates gehen, kann Ihr Selbstvertrauen pushen – Sie sehen, wie Sie wirken und dass andere Menschen an Ihnen Interesse haben und Sie üben sich im Sozialverhalten. Sprechen Sie ruhig auch solche Menschen an, die auf dem ersten Blick nicht hundertprozentig Ihr Typ sind. Das kann ein guter erster Schritt sein, bevor Sie sich an diejenigen trauen, die Ihnen wirklich gefallen. Häufig fällt es uns nämlich viel leichter, zuerst mit Menschen zu sprechen, die wir nicht herausstechend attraktiv finden.

Morgenroutinen – starten Sie besser in den Tag

Morgenroutinen können den Start in den Tag um einiges erleichtern. Und wer einen guten Start in den Tag hat, der fühlt sich auch den restlichen Tag sicherer und ausgeglichener. Solche Morgenroutinen können ausgiebig oder auch recht kurz sein, was immer Ihnen ein gutes Gefühl bereitet. Viele Menschen schwören auf Stretching oder zehn Minuten Yoga am Morgen – das weckt auch den Körper und die Muskeln auf. Einige Leute lieben es sogar, etwas länger zu sporteln und gehen sogar laufen. Eine Dusche am Morgen kann erfrischend wirken. Ein Heißgetränk und ein leckeres Frühstück sind ebenfalls wunderbare Helfer. Hören Sie nebenbei einen Podcast oder leise Musik, anstatt das Handy in der Hand zu halten, und sich in Social-Media-Apps zu verlieren. Genießen Sie Zeit und Gespräche mit Ihrer Familie oder lauschen Sie einfach nur der Stille.

Raus aus den Schlafsachen – rein in die Lieblingsklamotten

Ziehen Sie sich Kleidungsstücke an, in denen Sie sich wohl und attraktiv fühlen. Wenn Sie selbst mit Ihrem Spiegelbild zufrieden sind, wird das die Motivation und Ausstrahlung für den Tag enorm verbessern.

Mantras

Kleine Mantras haben große Wirkung. Sagen Sie sich jeden Morgen eine Reihe positiver Dinge auf. Mantras, die Ihr Selbstvertrauen stärken können, sind z.B.:

- Ich bin stark und selbstbewusst.
- Ich bin glücklich.
- Ich bin wertvoll und ich verdiene es, geliebt zu werden.
- Ich kann das.
- Der Tag wird gut.
- Ich bin ruhig und ausgeglichen.
- Es ist kein Problem, wenn ich einen Fehler mache. Ich werde daraus lernen.
- Ich bin unabhängig und sicher.
- Ich bin mutig.

Solche und ähnliche Sätze sollten Sie sich jeden Morgen laut aufsagen. Laut ausgesprochen haben Sie noch mehr Wirkung. Am besten schreiben Sie sich eine kleine Liste und lesen Sie sich die vor, bis Sie sie auswendig können. Danach können Sie sie auswendig weiter aufsagen.

In der Ruhe liegt die Kraft – Meditations- und Entspannungsübungen

Entspannungsübungen und Meditation können beruhigend wirken und das Stresslevel erheblich reduzieren. Versuchen Sie, solche Übungen regelmäßig in Ihren Alltag einzubauen. Ob morgens, abends oder in der

Mittagspause bleibt ganz Ihnen überlassen. Leichte Atemübungen können auch gezielt vor Stresssituationen eingesetzt werden. Wer ruhig in eine solche Situation hinein geht, wird wahrscheinlich ein besseres Ergebnis erzielen und sich auch beim nächsten Mal wohler fühlen.

Positive Gedanken

Positives Denken hilft enorm weiter, ist aber oft gar nicht so leicht umzusetzen. Versuchen Sie, sich trotzdem immer wieder daran zu erinnern, dass positive Gedanken Ihnen mehr helfen werden als negative. Sobald Ihnen auffällt, dass Sie pessimistisch denken, probieren Sie, Ihre Gedankengänge in positive Richtungen zu drehen. Verzagen Sie nicht, sondern probieren Sie es immer und immer wieder.

Fokussieren Sie sich auf Möglichkeiten und Lösungen

Wenn sich Ihnen ein Problem in den Weg stellt, dann versuchen Sie, sich auf Lösungen oder neue Möglichkeiten zu konzentrieren. Es ist nicht immer ganz einfach, aber sehr häufig finden wir zumindest kleine positive Dinge, die wir aus den veränderten Umständen mitnehmen können und Sie werden erstaunt sein, wie hilfreich dies ist. Auch wenn es Ihnen nicht leicht fällt, versuchen Sie daher, immer wieder nach einer Lösung, einer neuen Möglichkeit oder etwas anderem Positiven zu suchen.

Ziele setzen und erreichen

Stecken Sie sich kleine Ziele und erreichen Sie diese. Das können Wochenziele sein oder auch einfach eine kleine To-do-Liste für den Tag. Das Gefühl, etwas erreicht zu haben, und von der Liste streichen zu können, ist großartig, und wird Ihr Selbstvertrauen erheblich stärken. Sie sehen nun, dass Sie Dinge erreichen und Aufgaben erledigen können und das Aufschreiben und Visualisieren verstärkt den Effekt noch. Ein kleiner Trick: Kennen Sie schon die 3x3-Regel? Der Trick besteht darin, sich auf die To-do-Liste drei kleine Aufgaben aufzuschreiben, für die Sie nicht länger als 3 Minuten brauchen, z.B. die Blumen gießen, die Betten machen, eine kurze E-Mail schreiben, etc. Streichen Sie diese im Laufe des Tages nach Erledigung durch und freuen Sie sich am Ende, wie viele Aufgaben Sie geschafft haben. Seien Sie stolz auf sich!

Tanzen Sie!

Machen Sie Ihr Lieblingslied an und tanzen Sie ausgiebig in der Küche! Egal, wie Sie dabei aussehen, lassen Sie alles raus und bringen Sie Schwung in Ihren Körper. Oder Sie beobachten sich vor dem Spiegel und üben neue Bewegungen ein. Schon ein Tanz am Tag kann dabei helfen, sich selbstbewusster zu fühlen. Die Bewegung, das Gefühl, Herr seines Körpers zu sein, und die fröhliche Musik werden Ihre Stimmung erheitern und Ihnen ein gutes Gefühl geben.

Dankbarkeit

Seien Sie dankbar für die kleinen und großen Freuden im Leben. Am Abend drei Dinge aufzuschreiben, für die Sie an dem Tag dankbar waren/sind, sind klasse, um Ihr Lebensgefühl zu heben und Ihr Selbstvertrauen zu stärken. Das kann das Gespräch mit dem besten Freund sein, der nette Kollege, der Ihnen einen Kaffee mitbrachte, Sonnenschein, ein Erfolgserlebnis, ein positives Körpergefühl oder was Sie sonst glücklich gestimmt hat. Auch wenn Sie z.B. Kritik gut aufgenommen haben, dann können Sie das auf der Dankbarkeitsliste vermerken. Diese Dinge aufzuschreiben, kann alleine schon sehr wirkungsvoll sein, aber gerade diese ab und an auch wieder durchzulesen, ist sehr hilfreich, denn es erinnert Sie daran, was es alles Positives in Ihrem Leben gibt.

Erfolgserlebnisse verzeichnen

Erstellen Sie eine Liste mit Ihren Erfolgen. Schreiben Sie ruhig alles auf, was Sie bisher erreicht haben und vervollständigen Sie diese Liste stetig. Auch kleine Erfolge des Alltags oder in Hinblick auf Ihr Selbstvertrauen können hier verzeichnet werden. Wenn Sie einen schlechten Tag haben, können Sie so auf eine ganze Liste von Erfolgen schauen und sich gleich besser fühlen.

Entscheidungen zeitnah treffen

Halten Sie sich nicht zu lange mit Entscheidungen auf. Je länger Sie sich mit einer Entscheidung Zeit lassen, desto unsicherer werden Sie. Vertrauen Sie ruhig mal Ihren Impulsen oder auch Ihren Argumenten – je unbedeutender die Entscheidung ist, oder je geringer die Langzeitkonsequenzen, desto schneller sollten Sie die Entscheidung fällen. Das stärkt Ihr Vertrauen!

Fehler machen

Es mag der vielleicht zunächst befremdlichste Tipp sein – aber üben Sie das Fehler-Machen! Ganz bewusst und gezielt. Kleine Fehler oder *Peinlichkeiten* gezielt vorzunehmen und zu sehen, dass danach nicht die Welt untergeht, kann ganz entscheiden dazu beitragen, Ihr Selbstvertrauen zu stärken und den Umgang mit Fehlern zu verbessern. Sie kennen sicherlich auch solche Leute, denen dauernd irgendwelche Ungeschicklichkeiten passieren und denen es schon gar nicht mehr peinlich ist? Wenn Sie daran gewöhnt sind, mal daneben zu treten, wird es Ihnen irgendwann gar nicht mehr so unangenehm sein. Sie werden merken, dass Sie trotzdem gemocht und respektiert werden, selbst wenn Ihnen mal etwas Peinliches passiert.

Am besten nehmen Sie sich am Morgen ganz bewusst vor, was Sie an dem Tag falsch machen möchten. Das können ruhig unbedeutende Kleinigkeiten sein (natürlich sollten Sie keine bedeutenden Fehler bei der Arbeit machen, nur um Ihr Selbstvertrauen zu stärken). Begrüßen Sie den Paketboden mit *Guten Morgen,* obwohl es bereits mittags ist. Oder wünschen Sie der Kassiererin am Supermarkt bereits am

Donnerstag – oder besser noch am Montag – ein schönes Wochenende. Verwählen Sie sich bewusst am Telefon und entschuldigen Sie sich dann freundlich für das Falsch-Verbunden-Sein. Ihnen werden sicherlich noch andere Kleinigkeiten einfallen, mit denen Sie ganz gezielt üben können. Viel Erfolg!

Auf den Punkt gebracht

Fassen wir nochmal zusammen, was Sie gelernt haben. Selbstvertrauen lernt man nicht über Nacht, sondern in vielen Schritten und in einem längeren Prozess. Zum Selbstvertrauen gehören auch ein gutes Selbstbild und die Fähigkeit zur Selbstreflektion.

Sie kennen außerdem nun einige Übungen und Tricks für den Alltag, um Ihr Selbstvertrauen gezielt zu stärken. Dazu gehören insbesondere Übungen und Methoden, positiver durch den Alltag zu laufen und aus Ihrer Komfortzone herauszukommen. Nach und nach werden Sie sicherlich immer besser darin. Die drei Top-Tipps – auf den Punkt gebracht – lauten daher:

1. Raus aus der Komfortzone – rein in das Leben! Wagen Sie neue Dinge und probieren Sie gezielt Sachen aus, die Ihnen schwer fallen.

2. Bleiben Sie motiviert und verzweifeln Sie nicht – auch wenn man mal einen Schritt zurück geht oder es Ihnen sehr schwer fällt, aus Ihrer Wohlfühlzone auszubrechen oder Sie einen besonders schlechten Tag haben, lassen Sie sich nicht zurückfallen. Verzagen Sie nicht, gönnen Sie sich ruhig eine Auszeit in Form von Schlaf oder Ablenkung und starten Sie am nächsten Tag wieder neu durch!

3. Geben Sie sich Zeit – es wurde bereits mehrfach erwähnt. Zeit ist der absolute Schlüssel zum Erfolg im Bereich des Selbstvertrauens.

Exkurs: Kann man Selbstvertrauen vortäuschen?

Sie sind nun auf einem sehr guten Weg, Ihr Selbstvertrauen zu stärken und auszubauen – doch was, wenn Sie kurzfristig und schon sehr bald ein sicheres Auftreten brauchen – etwa für eine Rede oder ein Bewerbungsgespräch? Womöglich fragen Sie sich nun, ob es entweder Tricks gibt, um das ganze Prozedere zu beschleunigen oder gar, ob Sie großes Selbstvertrauen nicht auch vortäuschen können?

Wie Sie in einem der ersten Kapitel bereits gelesen haben, gibt es Menschen, die versuchen, Selbstvertrauen und Stärke vorzutäuschen, indem sie sich besonders dominant geben, besonders laut und imposant auftreten oder sich gerne in den Mittelpunkt stellen. Doch diejenigen, die ein ehrliches starkes Selbstvertrauen haben, wird man damit kaum täuschen können.

Menschen, die sich ohnehin leichter einschüchtern lassen, werden solches Verhalten vielleicht mit Selbstvertrauen verwechseln, es aber sehr wahrscheinlich trotzdem nicht sympathisch finden. Sicherlich möchte niemand einen Mitarbeiter einstellen, der sich auffallend dominant gibt. Zumindest in keinem Job, der Teamarbeit verlangt. Und es wird Sie auch bei Kollegen nicht gerade beliebt machen. Und häufig werden gerade diejenigen, die das Bewerbungsgespräch führen, sofort erkennen, dass es aufgesetzt ist. Effektiv und langfristig werden Sie damit also niemanden täuschen können. Außerdem kann es im schlimmsten Fall sogar sein, dass langfristig vorgetäuschtes Selbstvertrauen erst recht dazu führt, dass man sich unsicher fühlt und hinter einer Maske versteckt. In besonders ernsten Fällen leiden manche Menschen sogar unter Depressionen und anderen psychischen Problemen, da sie niemals gelernt haben, ehrlich mit sich und ihren Gefühlen umzugehen. Es ist also alles andere als empfehlenswert, Selbstvertrauen vorzutäuschen.

Wenn Sie jedoch wirklich in einer bestimmten Situation ein wenig tricksen möchten, um sicherer aufzutreten, gibt es fünf kleine Tricks, die Sie gefahrlos anwenden können, um ein wenig selbstbewusster zu wirken.

1. *Dress to impress* – Der erste Eindruck

Sie haben bestimmt schon einmal den Spruch *dress to impress* gehört? Im Deutschen bedeutet dies: Sich anziehen, um zu beeindrucken. Man könnte sogar noch einen Schritt weiter gehen und von *dress to success* (also sich anziehen, um Erfolg zu haben) sprechen. Denn wer einen guten und erfolgreichen ersten Eindruck hinlegen möchte, der sollte auf sein Erscheinungsbild achten. Wenn Sie z.B. selbstbewusst bei einem Bewerbungsgespräch oder einem ersten Date auftreten möchten, dann versuchen Sie, das bereits durch Ihr Äußeres auszustrahlen. Dass Sie zu beiden Anlässen nicht in dreckigen Joggingklamotten gehen würden, versteht sich von selbst. Kleiden Sie sich also ordentlich und dem Anlass entsprechend. Beobachten Sie z.B. andere Mitglieder der Firma oder achten Sie auf die Bilder auf deren Website und passen Sie sich dem Stil an. Für ein Date können Sie die Location als passenden Indikator für die angemessene Kleidung wählen – wenn Sie ins Kino gehen, darf es natürlich ruhig ein wenig einfacher und bequemer sein.

Wenn Sie ins Theater gehen, dann ist ein schickes Kleid durchaus eher von Interesse. In jedem Fall aber sollten Sie Klamotten wählen, in denen Sie sich wohl und attraktiv finden. Wählen Sie Farben, die Sie frisch aussehen lassen und Schnitte, die Ihre Figur bestmöglich zur Geltung bringen. Tragen Sie ruhig Accessoires, die passend sind (übertreiben Sie bei einem Bewerbungsgespräch nicht). Das kann z.B. eine elegante Uhr sein oder schöne Ohrringe, eine schicke Krawatte, etc. Am besten legen Sie Ihr Outfit bereits am Vorabend zurecht, sodass Sie morgens nicht in Stress geraten. Wenn Ihr Date oder Termin erst später am Tag ist, sollten Sie die Klamotten nicht allzu lange vorher tragen, denn Sie wollen ja schließlich keine Gelegenheit entstehen lassen, in der es zu Flecken oder Ähnlichem kommen kann.

Von der Kleidung abgesehen, sollten Sie auch frisch duschen und sich entsprechend zurecht machen. Frisieren Sie sich so, dass Sie sich mit Ihren Haaren wohl fühlen, aber achten Sie darauf, auch nicht zu extravagant zu sein – komplett neue Styles auszuprobieren, empfiehlt sich grundsätzlich nicht, da Sie sich auch sicherer in etwas fühlen werden, was wirklich *Ihr* Stil ist. Und das wird man auch erkennen. Und achten Sie darauf, dass auch Ihre Schuhe sauber sind. Wichtig sind ebenfalls die Hände; Sie sollten sauber und gepflegt aussehen, das gilt auch für Ihre Fingernägel.

Wenn Sie einen guten ersten äußeren Eindruck vermitteln, wird man Sie sofort als sicher und sympathisch empfinden. Und wahrscheinlich werden Sie sich auch noch viel sicherer fühlen!

2. Körperhaltung und Körpersprache

Achten Sie bei der Begegnung und auch bei Reden und Präsentationen auf Ihre Körpersprache. Bereits die Haltung sagt einiges über einen Menschen aus – wer klein, krumm und in sich zusammengesunken auftritt, der hat eine viel schlechtere Wirkung, als jemand, der groß und aufrecht erscheint, also gerade steht und sich sicher im Raum verhält. Versuchen Sie also mit erhobenem Kopf und geradem Rücken zu stehen und mit festen Schritten durch den Raum zu laufen. Passen Sie auf, dass Sie nicht rennen oder stampfen. Wenn Ihnen das noch etwas schwer fällt, können Sie einfach ein paar andere Menschen beobachten und versuchen, es Ihnen nachzumachen. Videos von begnadeten Reden finden Sie sicherlich online – oder Sie kennen vielleicht selbst den ein oder anderen sehr selbstsicheren Menschen. Wenn Sie ein wenig mehr Zeit haben, können Sie auch schon Tage vorher, das Balancieren eines Handtuchs oder eines Buches auf dem Kopf üben!

Abgesehen von der Körperhaltung ist auch ein fester Händedruck wichtig. Versuchen Sie, Ihrem Gegenüber dabei in die Augen zu schauen. Ein angenehm fester Händedruck vermittelt Selbstvertrauen und Stärke – aber bitte quetschen Sie die Hand Ihres Gegenübers nicht. Sie wollen schließlich selbstbewusst herüber kommen und ein zu fester Händedruck vermittelt oft eher das Gefühl von unangenehmer Dominanz oder Ungeschicktheit.

Auch die restliche Körpersprache ist von Bedeutung. Sie haben in den vorherigen Kapiteln bereits gelernt, woran man selbstsichere Menschen erkennen kann – an einem freundlichen Lächeln, Augenkontakt, einer offenen Körperhaltung. Versuchen Sie diese Körpersprache zu übernehmen, so gut es geht. Achten Sie auch hierbei darauf, dass Sie es nicht übertreiben – Sie möchten Ihren Gegenüber schließlich nicht in den Boden starren. Am besten können Sie ein paar Tage vorher vor dem Spiegel oder mit einem Freund üben. Dabei können Sie die Person entweder einweihen, sodass sie Ihnen Feedback gibt, oder aber Sie versuchen die Körpersprache einfach mal bei einem normalen Kaffeeklatsch auszupacken. Sicherlich fällt es Ihnen leichter, wenn Sie bei einer vertrauten Person sind – und sollten Sie sich seltsam verhalten, etwa ungewöhnlich starren, dann wird es Ihnen Ihr Freund sicherlich mitteilen.

Versuchen Sie auch darauf zu achten, unsichere Körpersignale zu vermeiden. Dazu gehören etwa häufiges auf-den-Boden-schauen, sich auf die Lippen beißen, sich den Nacken reiben oder die Hände zu verstecken. Wenn Sie sitzen, versuchen Sie lieber die Arme locker auf die Armlehnen des Stuhls zu legen. Wenn Sie stehen und reden, dann gestikulieren Sie ruhig ein wenig. Auch hier heißt es natürlich, nicht zu übertreiben. Aber ein paar dezente lockere Gesten wirken viel selbstsicherer, als die Hände in den Taschen zu verstecken oder sich am Rednerpult festzuklammern. Versuchen Sie, auch zu vermeiden, mit etwas herumzuspielen. Greifen Sie nicht nach dem nächstgelegenen Stift oder gar Ihrem Handy, nur um etwas in der Hand zu haben.

Auch das wirkt oft unsicher oder irritierend. All diese Tricks können Sie natürlich vorher ein wenig üben. Bitten Sie ruhig auch langfristig Freunde, Sie darauf aufmerksam zu machen, wenn Ihnen etwas negativ auffällt. Manchmal sind bestimmte Bewegungen so sehr in uns verankert, dass wir gar nicht wahrnehmen, dass wir schon wieder mit dem Stift spielen.

3. Selbstbewusst sprechen

In einem Gespräch gibt es ebenfalls viele Signale, die darauf schließen lassen, dass Sie sich gut fühlen oder nervös sind. Versuchen Sie also auch, auf diese Dinge zu achten und möglichst selbstsicher in Ihren Sätzen zu erscheinen. Auch dies können Sie gut mit einem Freund üben. Versuchen Sie, ein Gespräch zu simulieren oder generell bei Gesprächen darauf zu achten, dass Sie flüssig und ohne allzu lange Pausen sprechen (vermeiden Sie nach Möglichkeit *ähm* zu sagen). Versuchen Sie auch in einer angenehmen Lautstärke zu sprechen; schreien Sie Ihren Gegenüber nicht an, aber bleiben Sie auch nicht zu leise und versuchen Sie, möglichst in keine zu hohe Tonlage zu verfallen. Für Ihre natürliche Stimme können Sie natürlich nichts, aber aufgeregte hohe Schreie sollten Sie nach Möglichkeit gerade bei offiziellen Anlässen vermeiden. Sprechen Sie außerdem langsam und deutlich – natürlich nicht unnatürlich langsam, aber schnelles Gerede, dem andere kaum folgen können, wirkt oftmals nervös und unsicher. Wenn Sie eine Rede halten müssen oder eine Präsentation, dann sollten Sie diese ruhig vorher mehrmals üben, um das richtige Sprachtempo zu erhalten.

Das Üben hilft Ihnen bekanntermaßen ja auch, sich tatsächlich sicherer zu fühlen. Es empfiehlt sich auch, bestimmte Wörter wegzulassen. Dazu gehören insbesondere solche, die ausdrücken, dass Sie sich nicht sicher sind, wie: *Vielleicht, eventuell, möglicherweise* und auch *würde, könnte, sollte*. Sprechen Sie außerdem lieber von *sich* als von einem allgemeinen *man*. Also statt *davon hat man ja schon gehört* oder *das ist ja allgemein anerkannt* sagen Sie lieber *davon habe ich schon gehört* und *das sehe ich auch so/ da stimme ich zu/ das befürworte ich.* So bringen Sie Ihre Meinung und Ansichten rüber und zeigen, dass Sie dazu auch stehen. Das wirkt selbstsicher und stark.

4. Die Macht der Gedanken

Die Macht der Gedanken sollten Sie niemals unterschätzen. Schon gar nicht, wenn es um das Thema Selbstvertrauen geht. Versuchen Sie also, wenn Sie an das Gespräch, die Präsentation, das Date, etc. denken, sich möglichst ein positives Szenario vorzustellen. Sobald Sie merken, dass Sie nervös werden, und sich ausmalen, was alles schief gehen könnte, sollten Sie stattdessen den Fokus darauf legen, was alles klappen könnte. Das ist natürlich nicht immer ganz einfach, aber wenn Sie dies bereits Tage vorher ganz bewusst in Angriff nehmen, kann es gut helfen. Denken Sie ganz bewusst an den Tag und die Situation und stellen Sie sich vor, wie Sie selbstbewusst auf der Bildfläche erscheinen, ein sicheres Auftreten zum Vorschein bringen und die Situation ganz wunderbar meistern. Das kann Ihnen, so einfach und lustig es sich vielleicht anhören mag, tatsächlich ein sicheres Gefühl geben.

5. Feiern Sie Ihren Erfolg!

Vergessen Sie nie, Ihre Erfolge zu feiern. Sie müssen natürlich nicht jedes Mal eine Party schmeißen, aber klopfen Sie sich selbst auf die Schulter und freuen Sie sich über jede Kleinigkeit, die Ihnen gelingt. Das bedeutet nicht nur, zu feiern, wenn Sie den Job bekommen haben oder nach einem zweiten Date gefragt werden – sondern auch, wenn schlichtweg Ihr Auftritt so war, wie Sie ihn sich erhofft haben. Auch wenn Sie selbstbewusst rüber kamen, hat vielleicht dennoch eine andere Person den Job bekommen – der Konkurrenzkampf ist schließlich sehr groß und man weiß nie, wie qualifiziert die Mitbewerber gewesen sind. Dennoch können Sie sich danach sagen, dass Sie erfolgreich waren. Denken Sie ruhig: *Ha! Die habe ich ganz schön ausgetrickst!* Klingt seltsam? Ist aber sehr effektiv! Sie werden schnell überzeugter von Ihren Fähigkeiten sein und das hilft Ihnen auf lange Sicht sogar tatsächlich, selbstsicherer zu werden. Das gleiche gilt für private Angelegenheiten. Denken Sie sich: *Der hatte keine Ahnung, wie nervös ich war! Wunderbar!* Auch wenn Sie ein sicheres Auftreten hatten, dann hat es beim Date vielleicht trotzdem nicht gefunkt – aber das macht nichts, denn Sie haben bestimmt einen anderen Erfolg zu verzeichnen.

Zu guter Letzt noch eines: Diese Tricks lassen Sie kurzfristig und situationsgebunden selbstsicher wirken, aber es empfiehlt sich auch hier nicht, langfristig ausschließlich Tricks anzuwenden. Sie verändern vielleicht für einen Augenblick Ihre Wirkung, aber das innere Gefühl bleibt das gleiche. Und das ist es ja schließlich, was Sie loswerden möchten, nicht wahr? Wenn Sie einen guten Auftritt hinlegen möchten, helfen diese Methoden oft ganz gut (und auch wenn nicht, haben Sie wahrscheinlich Ihr Bestes gegeben!), doch sich nur auf kleine Tricks zu verlassen, wird Sie nicht oder nur langsam zu mehr Sicherheit im Inneren bringen. Daher sollten Sie auch die anderen Methoden langfristig nicht vernachlässigen.

Schluss

Nun haben Sie eine ganze Menge Informationen zum Thema Selbstvertrauen gesammelt – Sie verstehen jetzt sicherlich viel besser, woraus es resultiert und wodurch es nach wie vor beeinflusst wird. Auch kennen Sie jetzt viele praktische Tipps, um Ihr Selbstvertrauen nachhaltig zu verbessern. Dass Sie nicht alles davon auf einmal anwenden können, ist vollkommen klar – dennoch sollten Sie nicht zu lange zögern, schrittweise das ein oder andere neu Erlernte umzusetzen! Denn je früher Sie anfangen, wenn auch in kleinen Schritten, desto eher erreichen Sie Ihr Ziel.

Vergessen Sie nie, dass man nicht von heute auf morgen mehr Selbstvertrauen erlangt und dass es Ihnen womöglich anfangs auch schwer fallen wird, überhaupt ein paar der Schritte effektiv umzusetzen. Aber je öfter Sie üben und versuchen, Ihre Ängste zu überwinden, desto einfacher wird es irgendwann und desto erfolgreicher werden Sie auch werden. Sie werden merken, dass Ihr soziales Umfeld irgendwann auch eine Veränderung an Ihnen feststellt – womöglich haben Sie bereits häufiger von Freunden und Familienmitgliedern zu hören bekommen, dass Sie sich nicht immer alles gefallen lassen sollen, dass Sie ruhig mutiger sein können oder ähnliches? Sicherlich werden diese Menschen ebenfalls schon kleine Verbesserungen bemerken und wenn nicht, erzählen Sie ihnen davon! Berichten Sie ihnen von der geglückten Präsentation, dass Sie für sich oder jemand anderen aufgestanden sind, dass Sie freiwillig ein bestimmtes Projekt übernommen haben oder auch einfach, wie Sie mit einem nicht so erfreulichen Feedback umgegangen sind.

Bestimmt werden diese Menschen Ihre Freude teilen und stolz auf Sie sein. Und mit dieser Unterstützung bleiben Sie sicherlich noch motivierter. Und lassen Sie sich nicht entmutigen, wenn Sie doch mal wieder einen Schritt zurückmachen, Kritik sehr nah an sich ranlassen oder sich nicht trauen, Ihre Meinung kund zu tun. Jeder hat mal einen schlechteren Tag, an dem die Dinge nicht so gelingen, wie man es sich gewünscht hat. Dann heißt es, Schwamm drüber und weitermachen. Das nächste Mal klappt es bestimmt besser.

Und wenn sich dann irgendwann die ersten größeren Erfolge einstellen und Sie bemerken, wie Ihnen Ihr neu erhaltenes Selbstvertrauen den Weg zu einer erfolgreichen Karriere ebnet oder zu mehr sozialen Kontakten, dann wird das ein noch stärkerer Motivationsschub – denn Sie wissen ja bereits: Erfolg und Selbstvertrauen gehen nicht nur Hand in Hand, sondern beeinflussen sich gegenseitig!

Quellenverzeichnis:

https://karrierebibel.de/mit-kritik-umgehen/

https://wikipedia.de

https://www.neurologen-und-psychiater-im-netz.org/psychiatrie-psychosomatik-psychotherapie/ratgeber-archiv/meldungen/article/angststoerungen-man-muss-lernen-die-angst-anzunehmen/

https://www.lernen.net/artikel/selbstreflexion-tipps-uebungen-selbstbewertung-553/

https://www.selbstbewusstsein-staerken.net

https://www.hafawo.at/selbstmanagement-motivation/selbstbewusstsein-ist-der-orgasmus-der-persoenlichkeit-also-taeusche-es-niemals-vor/

https://www.selfmade-soul.de

https://www.zeit.de

https://www.2te-chance.com/kann-man-zu-viel-selbstbewusstsein-haben/

https://antje-heimsoeth.com/selbstbewusstsein-was-zeichnet-selbstbewusste-menschen-aus/

https://www.gedankenwelt.de

https://lexikon.stangl.eu/25123/negativitaetsverzerrung/?fdx_switcher=true

https://www.peter-beer.de

https://utopia.de/ratgeber/angst-ueberwinden-diese-strategien-helfen/

https://www.morgenweb.de

https://www.mensch-und-psyche.de/liebe/liebe-und-selbstwert/selbstvertrauen/

http://biber-blog.com/wissenschaftliche-grundlagen/uebersicht/

https://www.evidero.de/schlechtes-selbstbewusstsein-test

https://www.paartherapeut-in.de/blog/was-beeinflusst-das-selbstwertgefuehl/

https://www.netdoktor.de

https://books.google.ie/books?hl=de&lr=&id=iRn-LxBZGZDUC&oi=fnd&pg=PA9&dq=selbstver-trauen+st%C3%A4rken&ots=DZ8mUb9DQo&sig=MMh_Zuz2slEAT6dV0mBwJ4KcEY8&redir_esc=y#v=onepage&q=selbstver-trauen%20st%C3%A4rken&f=false

Wir danken Dir für Dein Interesse und Dein Vertrauen. Als Dankeschön dafür, haben wir eine besondere Überraschung. Du möchtest selbstbewusster sein und wahre Selbstliebe leben? Dann haben wir das Richtige für dich. Entdecke deinen persönlichen Selbstliebe und Selbstbewusstseins Coach. Das Beste: Sie erhalten diese vollkommen kostenlos. Das klingt wunderbar? Dann warten Sie nicht lange und holen Sie sich Ihr Gratis-Geschenk.

Hier geht es zu Ihrem Gratis-Geschenk:

https://forms.gle/sGXGTwmR8dUW5UyJA

1. **Öffnen Sie die Kamera-App auf Ihrem Smartphone und richten Sie die Kamera auf den QR-Code.**
2. **Klicken Sie auf den Link, der Ihnen angezeigt wird und schon werden Sie zur Website weitergeleitet.**

Impressum

Herausgeber: Malik & Mähleke GmbH / Ericusspitze 4 / 20457 Hamburg
Kontakt: kontakt@empireofbooks.de
Website: https://empireofbooks.de
Coverbild: Shutterstock

Haftungsausschluss:
Die Nutzung dieses Buches und die Umsetzung der enthaltenen Informationen, Anleitungen und Strategien erfolgt auf eigenes Risiko. Der Autor kann für etwaige Schäden jeglicher Art aus keinem Rechtsgrund eine Haftung übernehmen. Haftungsansprüche gegen den Autor für Schäden materieller oder ideeller Art, die durch die Nutzung oder Nichtnutzung der Informationen bzw. durch die Nutzung fehlerhafter und/oder unvollständiger Informationen verursacht wurden, sind grundsätzlich ausgeschlossen. Rechts- und Schadenersatzansprüche sind daher ausgeschlossen. Dieses Werk wurde sorgfältig erarbeitet und niedergeschrieben. Der Autor übernimmt jedoch keinerlei Gewähr für die Aktualität, Vollständigkeit und Qualität der Informationen. Druckfehler und Falschinformationen können nicht vollständig ausgeschlossen werden. Es kann keine juristische Verantwortung sowie Haftung in irgendeiner Form für fehlerhafte Angaben vom Autor übernommen werden. Die bereitgestellten Analysen, Vorschläge, Ideen, Meinungen, Kommentare und Texte sind ausschließlich zur Information bestimmt und können ein individuelles Beratungsgespräch nicht ersetzen. Alle Informationen dieses Buches entsprechen dem Kenntnisstand zum Zeitpunkt des Verfassens dieses Buches. Eine Haftung für mittelbare und unmittelbare Folgen aus den Informationen dieses Buches ist somit ausgeschlossen.
Informieren Sie sich weitläufig aus unterschiedlichen Quellen und bedenken Sie, dass am Ende nur Sie für die Entscheidungen verantwortlich sind.

Haftung für externe Links:
Unser Angebot enthält Links zu externen Websites Dritter, auf deren Inhalte wir keinen Einfluss haben. Deshalb können wir für diese fremden Inhalte auch keine Gewähr übernehmen. Für die Inhalte der verlinkten Seiten ist stets der jeweilige Anbieter oder Betreiber der Seiten verantwortlich. Die verlinkten Seiten wurden zum Zeitpunkt der Verlinkung auf mögliche Rechtsverstöße überprüft. Rechtswidrige Inhalte waren zum Zeit-punkt der Verlinkung nicht erkennbar.